【說明論名及所說法】

廣海明月

道次第廣論講記淺析

第四卷

宗喀巴大師／造論
日常老和尚／講述
真　如／淺析

出版緣起

　　綜觀古今中外，無論貧富貴賤，生老病死是所有人都難以迴避的問題，唯有佛陀找到解決這些痛苦的良藥，而遠離了所有的痛苦、成就圓滿的快樂。佛在成道後三轉法輪，將離苦得樂的方法宣說出來，使任何有緣依之而行的凡夫，皆可獲得圓滿的佛果。

　　其中二轉法輪在靈鷲山宣說了《般若經》，《般若經》直接闡述的是萬法的真相——甚深空性的道理，間接也詮說了現觀道次第。彌勒菩薩造《現觀莊嚴論》，開闡《般若經》中現觀道次第之內涵。西藏智者之頂嚴宗喀巴大師，以《現觀莊嚴論》為基，並依印度大成就者阿底峽尊者所造《菩提道炬論》中三士道之內涵，而著作了《菩提道次第廣論》（以下簡稱《廣論》）。此論統攝一切佛語扼要，囊括從凡夫到成佛所須修學的一切內涵，次第井然、易於受持，是想究竟離苦得樂的人往趣佛地的最佳指南。自十五世紀至今，《廣論》教授盛弘於西藏、四川、青海、蒙古等地。二十世紀初，漢地法尊法師入藏求法，始將《廣論》譯為漢文。

上日下常老和尚（1929－2004）一生親近各宗派諸多大德耆宿，博通三藏，持戒精嚴，以其精湛之學修詳審觀察，深見《廣論》教授之殊勝，遂發願弘揚。1988年，首於台灣台中圓滿講述，共160卷錄音帶。老和尚之講述深入淺出，廣引經論、祖師言教，並以善巧譬喻，引導學習者建立生命崇高的目標，並依所學內涵對照自己的身心，進而淨化、提升，在離苦得樂的路上步步前行。

2004年日常老和尚圓寂，將帶領福智團體僧俗學修之重任，託付給心子——真如老師。真如老師十四年來戰兢惕勵、竭盡身心,承繼老和尚之心願,帶領僧俗弟子虔誠學法,推展廣大弘法利生之事業,成果斐然。如今全球學習《廣論》之學法者已逾十萬人,遍及亞洲諸多國家,乃至美洲、歐洲、大洋洲等,獲益的眾生難以數計。

真如老師更自 2018 年 4 月起,每週兩次,親自帶著所有僧俗弟子對老和尚開示之《廣論》再作詳細、深入的學習。每一講開示,老師可謂用心良苦,不但字斟句酌地引導弟子契入老和尚開示之內義,並且廣引《廣論四家合註》、五大論等諸大經論為依據,更結合日日生活的方方面面,清楚指出實踐的下手處。

此系列開示發行以來,引發廣大回響,在諸方殷重祈請下,真如老師親自核對,由弟子們將開示輯錄成冊，名為《廣海明月》。以此供養具恩師長、諸佛菩薩，及期盼以清淨法語璀璨生命的共學法者。迴向聖教昌弘、善士久住，一切如母有情速趣解脫之道，共臻佛地。

大慈恩譯經基金會 謹識

編輯凡例

一、本書引用之《菩提道次第廣論》原文，根據福智之聲
　　出版社之《菩提道次第廣論》第三版（宗喀巴大師
　　造，法尊法師譯，台北：福智之聲出版社，2015）。

二、本書引用之日常老和尚講記原文，根據圓音有聲出
　　版股份有限公司 2016 版《菩提道次第廣論手抄稿
　　南普陀版》冊 1（簡稱舊版）、2017 版《菩提道次第
　　廣論手抄稿　鳳山寺版》冊 1（簡稱鳳山寺版）。

三、本書引用之《四家合註入門》原文，根據《四家合
　　註入門》冊 1 初版一刷（哈爾瓦・嘉木樣洛周仁波
　　切講述，釋性柏、釋如行等譯，台北：福智文化股
　　份有限公司，2016）。

四、本書所引《菩提道次第廣論四家合註白話校註集》、
　　《四家合註入門》原文與箋註、《菩提道次第廣
　　論》原文以及其他經典，皆採金色楷體；日常老和
　　尚講記原文採金色仿宋體；真如老師淺析文字以黑
　　色新細明體呈現。

五、《廣海明月》是真如老師在 2018 年 4 月起，依循
　　著日常老和尚的講記，結合《廣論四家合註》及五
　　大論等諸大經論，深入淺析《菩提道次第廣論》之
　　開示。由弟子們錄音、整理文稿，各講次均按順序
　　編號，並標記各段落音檔之時間點，便於讀者對應
　　查閱。

六、每一講次前皆附上該講次音檔 QR code，以利讀者
　　掃描至大慈恩譯經基金會（https://www.amrtf.org）之
　　〈廣海明月〉課程網頁，學習每一講開示。

七、各講次雖為真如老師於不同時間、地點所錄製而
　　成，然內容實為相互連貫。

八、本書所列之講次章節和標題，為編輯所加入，希望
　　幫助讀者了解講次內容脈絡，深入學習。

目次

令人心馳神往的勝那蘭陀寺

弘般若道獅子賢

廣海明月

——道次第廣論講記淺析
第四卷

導具善者
趣佛地理

線上音檔掃描

講次0183

師父日記：提策皈依，殷重聞法

大家好！又到了我們研討《廣論》的時間了。今天有看到師父1988年5月7號的一段日記，想給大家念一下，我們一起學習一下。說：0'23"

　　5月7日有一位法師提示，彼云：「你依止力不夠。」一語提醒了自己的大毛病。所言依止力，必先深明四諦，知世間之苦、空、無常，四大、五蘊之虛誑顛倒，識罪福業因，由是一心仰皈三寶，直如死囚求救，庶幾不為妄情俗塵所牽，不為「如似而非」之妄見所惑。能不為惑、不被牽，方能肯心向道，由自淨以化他也。而欲求自淨，必依三寶、上師——三寶之化身，則一心皈投之情自切，由此修習，庶幾真實上道矣！勉之！1'39"

　　這一小段是寫有一位法師應該是跟師父直接討論問

題，說：「你依止力不夠。」可以考慮一下，如果有人說我們依止力不夠，我們是會直接反省自己呢？還是會去辯解？師父接著是說：「一語提醒了自己的大毛病。」在聽到提醒的時候，師父會立刻反省自己，而且是非常認真地反省。說：「所言依止力，必先深明四諦」，佛所說的苦、集、滅、道四諦，然後「知世間之苦、空、無常，四大、五蘊之虛誑顛倒」。這一切，如果我們會認為世間是樂的、是久住的，沒有了解它的本性是無自性的；沒有了解到無常——粗無常和細無常，粗無常就是死亡，細無常就是念念的流轉，念念都不會停息、剎那剎那都不會停息；「四大」——地、水、火、風，「五蘊」就是我們這個五蘊之身，它的虛誑顛倒，就是它一段時間就不歸我們了。3'24"

知道這一切是苦、空、無常，是有它的欺誑性。它的欺誑性是什麼？就是會顯現為樂的、久住的，如果不去觀察的話，我們會產生一個概念上的顛倒、認識上的顛倒。所以師父說：「識罪福業因」，就是能夠在當下的觀察中觀察出什麼是罪、什麼是福的因由。因為了解了這些之後，能夠去把苦因斷了、樂因修了，把輪迴的根本截斷。4'07"

　　那麼如何去切斷輪迴的根本？還有如何去斷除苦因？「由是一心仰叩三寶」，唯有佛陀深刻地講解了業果見和空性見，所以仰叩三寶。到什麼程度呢？「直如死囚求救」，記得在《廣論》上說，對三界一剎那的貪戀都不會生起來，就像一個死囚想要馬上出獄一樣，就是一剎那間都不想在這個牢獄裡邊，我們對三界的厭離心應該是修成這樣子！所以師父對自己的生命提出了如經典上那樣的要求，因為他的日記是不給別人看，就是寫給自己看，所以「直如死囚求救，庶幾不為妄情俗塵所牽，不為『如似而非』之妄見所惑」。5'04"

　　接下來說：「能不為惑、不被牽，方能肯心向道」，就是死盡偷心了，覺得這個世間真的是苦的。那麼怎麼樣去把這個苦因斷掉？就是一定要修行。然後才能「自淨以化他也」，自己要淨化自己的煩惱，然後再幫忙他人淨化。那麼想要求自淨自己的煩惱，「必依三寶」，又說了這樣一句，說一定要依靠三寶，不然拿什麼來淨化我們的心續呢？那麼上師就是三寶的總聚體，是三寶的化身，所以一定要一心皈投。這樣的話，「情自切」，就是我們去求善知識教、皈依上師的這個信心自然是懇切。「由此修習」，如果能夠因為前面上述的原因這樣修習的話，才能夠真實地 —— 師父在這裡邊沒寫「向道」而寫「上道」—— 走上修道的這條路。然後後面兩個字是「勉之！」師父的日記裡常常出現「勉之」，就是自己要努力呀！6'23"

寫完這一段之後，師父隔了一行又寫了一段，說：「眼下第一要務：懺罪積資！殷重祈求上師本尊三寶！研閱無垢經論正法。」所以「第一要務」，就是最緊要的事情要懺罪集資 —— 懺悔罪障、集聚資糧。這和所有的祖師大德修行的方式和教導他人的方式是一樣的。說：「殷重祈求上師本尊三寶！研閱無垢經論正法。」就是要努力地學教典、學有清淨傳承的教典。7'03"

師父他自己是這樣要求自己的 —— 自己走這樣的路，也在前面走著，希望我們走這樣的路。所以看一看希求善知識的那個心，是以出離心，還有想要化他的這個菩提心為牽引，以這樣皎潔的目標去希求善知識。因為想要離苦

得樂，如果沒有離苦得樂的法，我們縱然有離苦得樂之心也是枉然。那麼離苦得樂的法，只有佛陀會清淨地宣說，所以會一心皈投三寶；而上師是三寶的總聚體，所以皈依上師的心自然就會來得懇切！7'48"

　　在這樣動機的牽引下，還要注意淨罪集資，然後同時學習經論，都是在這樣的一個發心的攝持下學習經論。所以我們每次研討《廣論》的時候，希望大家能夠提醒自己，要知道這個輪迴世界仔細去觀察的話，是有諸多的苦痛。確切地再去思考「三界如火宅」，我們應該想要從這火宅裡趕快地出來。那麼趕快出來的方法，就必須去聽聞正法，要了解怎麼樣能從火宅裡出來。所以每一次聽法的時候，就不能以浮浮泛泛之心來聽，因為這攸關離苦得樂生死大事！所以要發一個殷重的心，研閱無垢的經論。8'45"

講次0184
為生命安立成佛的目標

接下來我們就要來聽師父講的廣論。0'08"

下面我們就正式開始,現在我們講,那麼下面講些什麼呢?

此中總攝一切佛語扼要。徧攝龍猛無著二大車之道軌。

現在這個裡邊所講的,這是本論所講的,把佛所說的圓滿的教法的綱要,統統包含在裡頭了。而這個圓滿的綱要,下來又分性、相二支,一個是智慧資糧,一個福德資糧。經過彌勒菩薩以及文殊菩薩,向下傳到——

音檔 　舊版 3B　09:50～14:20
手抄頁／行　舊版 1 冊　P85-L6～P87-L6(2015 年版)
　　　　　　舊版 1 冊　P85-L7～P87-L6(2016 年版)

無著、世親菩薩，龍樹、聖天菩薩，又分成功這個兩個大軌。那麼現在這裡有圓滿的包容，有了這個東西就可以把你引導到：

往趣一切種智地位勝士法範，三種士夫，一切行持，所有次第，無所缺少。1'30"

現在看第一句：「此中總攝一切佛語扼要，徧攝龍猛無著二大車之道軌。」在這裡邊師父解釋此論就是本論，把佛所說的圓滿的教法的綱要，就是「佛語扼要」，統統包含在裡邊，就是指《廣論》。有了這個圓滿的綱要，徧攝龍猛、無著二大車之道軌。有了這樣的一個傳承，接著要把我們引導到哪裡呢？就引導到「往趣一切種智地位勝士法範，三種士夫，一切行持，所有次第，無所缺少。」請大家往下聽。2'11"

這是引導我們到佛地。「一切種智」，那就是佛的智慧、佛的智慧。這個裡邊這個道理啊是引導我們圓滿達到佛地，這就是說解決一切痛苦、一切問題，圓滿一切福德。那麼這個最高的目標是如此，上去又分成三個大的段落，每一個段落稱它為一種士夫，所謂下士、中士、上士。這個是上去一步一步的次第，就像我們念書一樣，小學、中學、大學，所有的這個內容，所謂教、理、行、果，圓滿一點都不少。在圓滿的教授當中，如果我們把它的內涵用另外一個方式來說的話，可以分成三個項目：第一個「質」，它的質本身要純正，一點不錯。這個「量」呢？要圓滿，一點無缺。還有呢？還要「次第」本身不可以紊亂。平常我們對於這個質跟量是容易了解，這個次第非常重要卻是往往忽視，我現在這個地方說一個比喻。3'46"

譬如說我們燒飯，然後呢你要菜啊、飯啊、米啊、樣樣東西。是的，說這個米就是米，平常我們說蒸沙煮飯，如果你用泥沙來，那不行！那時候米嘛、菜嘛這是沒錯啦！然後呢量，說幾個人嘛要吃多少，也沒有錯啦！可是次第同樣地重要。假定你弄錯了次第的話，那個不行。譬如說，你說你拿了菜來嘛，一定先把它整理一下，洗洗好，然後切好，然後放到鍋子裡燒。假定說你這個次第弄不清楚，你說：好！先把那個菜拿過來，燒完了再洗，這個行不行啊？絕對不行！因為菜上面種

種的泥巴、種種的農藥，你燒完了能洗嗎？根本不能洗！本來這個菜吃了以後讓你增加營養的，結果你吃進去啊還有泥巴，你怎麼可能吃？這個毒藥不但不增加營養，還把你毒死啊！所以這個裡邊一定要有它的質、量、次第，現在本論這三樣東西一點都不缺少，所以這才圓滿。這個就是，喏，引導我們走上這一條圓滿的覺道的這個圓滿的教法，所以

依菩提道次第門中，

這個，這條門哪引導我們走上菩提大道的。5'26"

　　大家看這一段，說：「往趣一切種智地位勝士法範，三種士夫，一切行持，所有次第，無所缺少。」師父在這裡面講：「這是引導我們到佛地。『一切種智』，那就是佛的智慧、佛的智慧。這個裡邊這個道理啊是引導我們圓滿達到佛地，這就是說解決一切痛苦、一切問題，圓滿一切福德。那麼這個最高的目標是如此。」開宗明義啊，《廣論》！「往趣一切種智地位勝士法範」，就是這本論是教導我們成佛的。那麼生命最高的目標即是如此，成佛

的境界是怎樣的呢？解決一切痛苦、一切問題，圓滿一切福德！6'24"

現在看到這段話的時候，觀察一下我們自己，我們會為這個目標振奮嗎？有一天可以解決一切痛苦、一切問題，圓滿一切福德嗎？我們可以為我們的生命安立最高最高的目標嗎？我們常常為一些大大小小的目標奮鬥嘛，也為一些大大小小目標達不到而憂悲苦惱。比如說求別人的理解呀，希望有的時候可以得到幾句溫暖的話；還有的時候希望自己為別人做的事不要被誤會等等，我們生命中充滿大大小小的目標。可以說從早到晚、從小的時候到大，我們已經有多少目標了？很多目標就付之東流了，而且安立了之後，我們每天也為那個目標受苦吧！7'27"

那麼學習《廣論》，是要我們達到什麼樣的目標呢？是要成佛！成佛要解決一切痛苦。誰的一切痛苦呢？發心記得吧？是要解決芸芸眾生的一切痛苦。但是如何解決芸芸眾生的一切痛苦，令他們都離苦得樂？是自己要明了這件事情，就是說自利和利他都要圓滿的。那我們有沒有想到——注意喔！我說想到的意思是：在我們的潛意識裡邊，在我們深深的那個心裡邊，是否安立出了這樣最高的生命目標──我是要成佛的？8'10"

跟在師父身邊學習的時候，常常會看到有大大小小不如意的事情出現的時候，師父常常說：「正因為如此，所以我們要希求佛果啊！」在大大小小的痛苦和求不得的這樣一個狀態下，師父常常會這樣講，說：「正因為如此，所以我們要希求成佛啊！」但是相比於我們，就會發現當很多求不得苦出現的時候，我們就會被這個求不得苦所困，就會困在負面的情緒裡，比如說沮喪啊、失望啊，或者抱怨別人，甚至心灰意冷，會被這種負面的情緒籠罩，動彈不得。但是當這些痛苦出現的時候，師父在我們的眼前示現的，就是馬上就去希求佛果了，說：「正因為人生有種種不如意，所以我們才要去成佛呀！」9'12"

講次 0185

正在學習的我，即是《廣論》的所化機

　　這一段可以考慮一下自己，《廣論》的目標就是這樣——安立生命成佛的目標。但是這種目標是否深刻地安立在我們的生命之中？乃至在大大小小的如意、不如意的事相上，是否都能夠提醒我們去嚮往這樣的目標、憶持這樣的目標，而且踏踏實實地一定要達到這樣的目標？是否從心髓深處真的想要這個？就是自己生命的需要——我想要這個，我全部的生命就只想要這個！0'38"

　　如果我們全部的生命想要這個的話，那麼這本論就是要送給我們這樣的一個佛果，就是引導我們到那裡去的！如果全心想要這樣一個目標，而本論正是引領我們達到那樣的目標，那應該欣喜若狂吧！至少聽到這幾句話不會漫

音檔　　舊版 3B 09:50～14:36
手抄頁／行　舊版 1 冊　P85-L6～P87-L8（2015 年版）
　　　　　舊版 1 冊　P85-L7～P87-L8（2016 年版）

不經心，也不會好像覺得跟自己無關，或者沒有任何感動的心來學習。因為這是我最關切的，我生命全部的需要。全部的需要是什麼？引導我們圓滿達到佛地，解決一切痛苦、一切問題。解決一切問題喔！不是解決一點小問題，是解決一切問題喔！1'28"

接下來，師父說會分三種士夫一切行持所有次第無所缺少，再解釋了一下下面的部分。解釋了之後，師父強調說質和量好像是可以理解的，但是次第常常被忽略。師父用煮飯的例子——前面已經講過，又再次地提到——考慮考慮要不要重視次第？如果不重視次第的話，拿煮飯這件事把次第顛倒了來說，我們都會覺得可能是那個人不太正常，才會把菜煮熟了再去洗！但是我們對於解脫這條路不了解的時候，就是在顛倒行啊！2'10"

比如說《菩提道次第》的次第之中，我們會不會覺得聽聞軌理這樣的次第正是我們凡夫從一開始修行最最需要的？比如不學會聽法的話，那一開始聽就沒有聽對，怎麼思惟、怎麼修行呢？聽法的話，一定跟善知識聽法——親近善士、聽聞正法，如果沒有好好地修信，斷除非理作意和觀過這些習氣的話，影響信心也會影響聽法，也是沒辦法的。所以次第井然，這個次第就是非此不可的！沒有這樣的次第是沒辦法成佛的。所以師父在這裡邊再再地提醒我們，一定要依照次第，就是三士道——「三種士夫一切行持所有次第無所缺少」。3'07"

接下來說：「依菩提道次第門中，導具善者趣佛地理，是謂此中所詮諸法。」聽一下最後一句：3'19"

> 導具善者趣佛地理，是謂此中所詮諸法。
>
> 是引導具足善根的人達到圓滿佛地的這個道理，就是我們裡邊所說的。3'36"

「導具善者趣佛地理，是謂此中所詮諸法。」看到這一行的時候，我知道大家都很熟了，但是你們的注意力會放在哪兒？會注意那個「具善者」嗎？還是注意那個「導」字？還是會注意「趣佛地理」？大家可能注意力都有所不同。還是你們會看到整句的，每一個字都注意？那麼「導具善者」是誰導？是《菩提道次第廣論》，對吧？

此論！「引導」，引導誰呢？具善者。誰是「具善者」呢？是不是在聽聞的你自己呢、我自己呢？4'21"

前面都說了，具善者是什麼？「諸有偏執暗未覆，具辨善惡妙慧力，欲令暇身不唐捐」，接著什麼？「諸具善者專勵聽。」所以那個具善者就是《廣論》所化機呀！正所化機，是不是就是正在學習的我們呢？引導我們到哪裡去呀？去佛地喔！去那個最高最高的、最美最美的，斷除了一切痛苦、圓滿了一切快樂的生命的最高理想，去那裡！就是此中所詮的諸法，就是《菩提道次第廣論》裡所說的。5'06"

拿掉我們所有的苦，讓我們修起所有的樂，就是《廣論》裡所要告訴我們的。會不會覺得是難可值遇呀！會不會覺得很開心？遇到可以拔除生命所有的苦、給予我們生命所有快樂這樣稀有的正法，就在耳邊、就在眼前啊！這本論就在諸位的手上！所以為什麼叫《掌中解脫》？我們聽到了這樣的道理，如果能夠依教奉行的話，為什麼不能解脫呢？為什麼不能夠像《廣論》上所說的按照次第修行，像師父希望的質、量，然後按照次第去依次地生起親近善知識，乃至皈依三寶、業果、出離心、菩提心……等等，為什麼不行呢？因為我們是《廣論》的所化機，對否？就是引導我們要去佛地的，為什麼我們會不行呢？佛菩薩都說：「具足那樣聽聞條件的人，想要暇身不唐捐的話，就努力地聽！」我們有沒有努力聽呢？「專勵聽」，有認真地聽，那麼為什麼不能夠趣向佛地呢？6'25"

所以我們要打起十二萬分的精神，要斷除懈怠，努力地精進，要讓我們這一次的暇身絕不唐捐！所以就從認真聞法開始。聽到如何是成佛的次第，會不會非常非常地開心呀？6'49"

廣海明月

——道次第廣論講記淺析
第四卷

增長善根，
和教法
百分百相應

線上音檔掃描

講次0186

此中總攝一切佛語扼要

　　大家好！又到了我們研討《廣論》的時間了。請大家還是一如既往地觀察一下自己的現行——有沒有做好聽聞前行，尤其是大乘發心的部分？每次在研討之前，都希望我們能夠殷重發心，因為發心的練習是要一直練習下去的，直到它成為自己的習慣。就是當做什麼事情的時候，立刻就有一個為成就無上正等菩提這樣的發心，而不是為了此生過得舒服一點啊，或者為名、為利這樣的心，或者想要自己了脫生死，要把這樣的動機去除掉，用完全清淨的動機學習佛法——為了利益無窮無盡的如母有情，必須去希求一切遍智的果位；為了得到一切遍智的果位，我們

音檔　　鳳山寺版 02 47:41～50:38
手抄頁／行　鳳山寺版 1 冊　P54-LL3～P56-L4

要按著三士道的次第來聞思修。所以聽聞正法，是趣向一切智智的一個必要的條件，所以現在大家要打起精神來好好地聽聞。1'13"

今天想請大家把師父新版的《廣論》這一段再聽一下，就是「此中總攝一切佛語扼要」這一小段。因為這一小段是講整本《廣論》到底在講什麼的，師父在舊版《廣論》已經講了，大家再聽一下師父在新版的《廣論》裡講的角度。聽的時候不要散亂、不要昏沉！1'40"

那麼這個就是前面整個的序分當中，序分當中，那個主要的就歸敬。下面繼續地說一下，然後整個開顯。下面要正說正文之前，有一個說法，那個我一個人單單唸一下就可以了。2'03"

此中總攝一切佛語扼要，徧攝龍猛無著二大車之道軌，往趣一切種智地位勝士法範，三種士夫，一切行持，所有次第，無所缺少。依菩提道次第門中，導具善者趣佛地理，是謂此中所詮諸法。2'31"

　　「此中」就是指這本論，這本論當中整個的說的內涵，是包含了——「總」是包含了一切佛，不僅僅是我們釋迦世尊，所有十方三世一切諸佛，沒有一個例外。所以通常說「佛佛道同」，達到佛的地度，所有十方三世佛所瞭解的正確的內涵，完全一樣，沒有一點缺少。現在這一本論所講的，並不是把佛的所有的話都包含在裡頭，而把佛告訴我們的精要，都含攝在裡頭了。這是第一部分，這個是佛的話。然後這個佛的話，要傳下來的話，又一定有它的這個傳承。所以說「徧攝」，這個裡邊也含攝了分兩部分：一個是廣行，一個是深見，兩個大乘的流派。那麼這個流派，一個是龍樹菩薩的，一個是無著菩薩的，這兩個大車。相當我們現在走這條像道路，那個道路像軌道一樣，所以兩個道軌。這個道軌是幹什麼的呢？透過這個道軌，能夠「往趣一切種智地位」——這個就是佛。能夠達到佛地的「勝士法範」，這種殊勝的士夫，這個勝士就是殊勝的人，如果是儒家來說就是君子，不是一個普通小人哪！就是這樣。那這個方法、軌範都在裡頭。那麼現在把這個方法分三個次第，所以叫「三種士夫」，初級的、中級的、高級的，現在這個地方初級的叫下士、中士、上士。那分著這個

> 次第，我們應該修行的所有的內涵，「一切行持」，要
> 所有修行的，照著次第沒有一點缺少。4'38"

　　師父在新版的《廣論》裡解釋了這一段話。你們都有新版那個書吧？「**此中**」就是指本論。然後「**總攝**」是對什麼的總攝呢？是一切佛語扼要的總攝，所以包含了一切佛。師父說：不僅僅是我們釋迦佛，所有十方三世一切諸佛沒有一個例外的，佛佛道同，所有十方三世諸佛所了解的正確的內涵，完全是一樣的，沒有一點缺少。而且這個扼要，師父解釋說：「把佛告訴我們的精要，都含攝在裡頭了，這是第一部分。」就是「**此中總攝一切佛語扼要**」。5'34"

　　聽到此處，大家可以想一想：這麼厚的一本《廣論》，這裡邊「總攝一切佛語扼要」，能不能信得過這句話呢？為什麼說這本論它總攝了一切佛語扼要？有那麼精要嗎？如果是那麼精要的話，那我跟遇到寶一樣！因為十方三世一切佛他們所說的佛語扼要都在本論之中，看了這本論，如果我了解了的話，我不是懂了一切十方三世佛他所說法的扼要了嗎？所以這句話是令人非常驚喜的！6'10"

線上音檔掃描

講次0187

為了集資，小的事情我來做

接下來說：「遍攝龍猛無著二大車之道軌」。「遍攝」，師父又解釋了就是兩大傳承，深見——龍樹菩薩的，還有無著菩薩的兩大車軌。接著解釋了「道軌」，像一條路，這個道路像軌道一樣。如果火車離開了軌道那就沒法行駛，在這個軌道上行駛它就是安全的，就一定會到達目的地。因為鋪設這個軌道，就是為了此地到彼地這個目的地鋪設的。那麼道軌，師父說：「透過這個道軌，能夠『往趣一切種智地位』。」那是什麼呢？就是佛、佛果。0'39"

而且師父說：這就是殊勝的士夫，這個勝士就是殊勝的人，在儒家來說是一個君子，不是普通的小人。在這裡

音檔　鳳山寺版 02 50:38～52:10
手抄頁／行　鳳山寺版 1 冊　P56-L5～P56-LL1

邊是最圓滿的一切智智的果位。此處尤其標示出它是「往趣一切種智地位勝士法範」，可以成佛的。我們沿著二大車的道軌要去哪裡呢？去佛地的。包括什麼？要經過三種士夫的行持、所有次第無所缺少，要經過這樣的道次第。師父說：「初級的、中級的、高級的」，所以叫下士、中士、上士，分這個次第。「一切行持」，我們所要修行的，照著次第，注意那四個字——「無所缺少」。「三種士夫，一切行持，所有次第，無所缺少。」大家仔細地把它一個字、一個字地讀過，然後再想一想：「這是什麼意思？」1'43"

　　總攝一切佛語扼要，趣向一切種智地位，還有三種士夫一切行持喔！所有次第無所缺少，那這是一本什麼論呀？太驚訝了！那麼我能夠學到這一本論，就等於三種士夫一切行持所有的次第都沒缺少地了解到了，如果我們真的學到了的話。所以很高興啊！一開始很驚訝，現在越來越高興！2'12"

　　接下來就要聽「依菩提道次第門中，導具善者趣佛地理，是謂此中所詮諸法」，聽一下師父講的。2'23"

　　現在關於這一個部分，它這整個的這個走法，含攝整個的內涵的，這個依照著次第，排出一條路來，這叫「菩提道」，這樣，「菩提道次第門」。然後這個是幹什麼的呢？引導具足善根的人。我們沒有善根在這個時代絕不可能聽到這個法，然後聽到了以後，還要看個人善根的深淺。所以對我來說，我現在談不到在這裡講，我只是願意盡我的一點力量，集一點資糧。所以昨天那個法會上面，我跟大家講的，二十歲的人說老了，二十幾歲說更老了，我今年快七十歲我說年輕了。我不是說笑話，因為我感覺到我條件太差，你們好的人高高在上享受，我小的事情我來做，為什麼？我要集聚資糧。這是真的，你越是到那時候，你越會感覺到我們資糧不夠，盡我們的力量，我能做的地方就我該我做。到底做什麼？我不一定一定是我要做什麼才算，那裡欠缺什麼我就做什麼，這樣。總是對整個的學習、對佛法，能夠產生最有效的這個最好，從這個上面來講。3'54"

　　在這一小段，說：「依菩提道次第門中，導具善者趣佛地理」，師父解釋了這個「具善者」要去成佛的。說這本論是做什麼的呢？就是引導具有善根的人去成佛的，依著道次第引導。那麼接下來我們就會評估自己：我是不是具善者呢？因為如果是具善者的話，我就被這本論引導去成佛。4'29"

師父說：「我們沒有善根在這個時代絕不可能聽到這個法。」諸位能聽到這麼精彩的《廣論》，一定是宿植德本、很有善根。師父接著說：「聽到了以後，還要看個人善根的深淺。」然後師父就馬上結合自己的例子再講一個事情。因為有的時候會聽到二十多歲的人為什麼說老了呢？因為他比十多歲的就老了，然後二十幾歲的比剛二十的就是更老了，所以有的時候年輕人就喜歡這樣比：「我比你更老了！」5'09"

但是師父說：「我今年快七十歲我說年輕了！」為什麼？師父說：「我不是說笑話，因為我感覺到我條件太差。」、「好的人高高在上享受，我小的事情我來做。」七十歲喔！就是用一個來做小事情這樣的標準來衡量自己，就像一個小孩一樣，小孩就忙一些小的事情——照顧人啊、給人家服務啊等等，就做很多這樣的小的事情。為什麼呢？師父說：「我要集聚資糧！」我要集聚資糧！然

後接著說:「這是真的,你越是到那時候,你越會感覺到我們資糧不夠,盡我們的力量,我能做的地方就我該我做。」我能做的地方就該我做,就是我!6'05"

講次 0188

佛法、眾生缺你做什麼，就做什麼

　　聽到這一小段，大家有沒有反思一下自己的狀況？因為我在拜讀師父的日記，常常跟大家說，在師父的日記裡師父都是寫弟子怎樣怎樣，好像他所有的日記都是寫給上師和本尊的，而且弟子兩個字都寫得很小。在每一件事發生的時候，他都非常非常認真地檢討自己，即使在教鳳山寺的法師、教法人的一些同學做什麼、做什麼的，大大小小的會議、大大小小的提醒，都是在檢查自己是不是有一個清淨的饒益他人的心，還是看對方不對才說對方的？

0'46"

音檔　　鳳山寺版 02 50:38～52:10
手抄頁／行　鳳山寺版 1 冊　P56-L5～P56-LL1

　　所以大事、小事情，他對自我的要求是非常非常認真
而又嚴謹的。比如說有的時候，像掃地這種事情是不需要
師父做的，像收垃圾這種事情也是不需要師父做的，但是
我就看過師父去掃地，七十多歲了去收垃圾。而且師父在
大家掃過的地方，還會檢查那個垃圾裡有沒有什麼被無意
丟掉的東西。還有像有的時候跟師父去機場，法師們在忙
的時候，師父就站在那個地方，會說：「哎呀！那個行李
往裡邊拿一拿，不要妨礙走路的人。」他一方面怕妨礙要
走路的人，一方面看法師的東西不要丟了、自己忘了沒有
拉到，師父還給大家看包——高僧呀！1'44"

　　大大小小的事情，包括該穿什麼樣的衣服適合外面的
天氣，怎麼喝水，吃飯的時候要怎麼樣，師父大大小小的
事情都是非常仔細地教導法師們，教導他的弟子們。這些
所有的事情，沒有一件事師父會覺得他是不應該做的、他
是一個高高在上的人，他什麼小事情都是去關注大家。因
為在小事上會看到我們每個人造的那一分業，師父希望透
過每一件事情，讓我們能夠淨化我們的業障、能夠集聚到
資糧！他是自己這樣做的，他引導弟子們也是這樣做的。
2'28"

　　所以看到這幾句話的時候我尤為感動，會想念師父啊！想念看到師父的時光。覺得他這裡邊講的，其實把他做到的部分只講了一點點而已，他做的實在是太多、太多了！所以每次拜讀師父的日記的時候都非常非常地感動，在其中看到的就是一個非常非常認真修行的修行者，非常非常地虔誠！他的生命就是用來改變自己、用來奉獻給大眾的，完全沒有一點點享樂的念頭，沒有一點點！所以他說：「我能做的地方就我該我做。到底做什麼？我不一定一定是要我做什麼才算，那裡欠缺什麼我就做什麼，這樣。總是對整個的學習、對佛法，能夠產生最有效的這個最好。」3'36"

　　這個觀點我也是聽師父講過很多次。比如說大家常常會覺得：「這不是我該負責的，為什麼我要負責這個？應該是你負責。」有的時候大家在一起合作的時候，就會出現這個問題。但是師父會看哪裡欠缺他就去補！說：「哪裡欠缺什麼我就做什麼。」沒有一定是我要做什麼的，但是總體是必須對整個學習教法能夠產生最有效的，就做那個事情。那麼對整個的學習最有效的，就是把法留下來，就是如法——說的人如法地說、聽的人如法地聽，能把這

個清淨的傳承留下來，師父所有的生命都致力於此。所以既能看到生命中最關鍵的問題是什麼，又在大事、小事中貫徹始終如一的宗旨！這是跟師父學習的時候，感觸最深的地方。4'33"

比如說以前跟師父討論，就常常會說：「我不一定要去帶僧團呀，這個對我壓力太大了！我可能帶居士們，大家一起研討《廣論》，就覺得已經是很奢侈了，也不能做什麼，當個大班長就不錯了！」師父那時候就像這原話一樣，說：「你一定要做什麼才能修行嗎？佛法需要你做什麼你就做什麼，不一定你一定要做什麼，缺你做什麼就做什麼。」那個時候就是這樣的觀點。所以我在這個新版《廣論》又看到這句話的時候，就好像又聽到師父在我耳邊再重複地講這個他一生奉行的很重要的——說思想也好，說他的行為準則也好，就是需要做什麼就做什麼，什麼對眾生有利、對佛法最有利，就做那件事，哪裡缺什麼就去做什麼，自己不一定是一定要做哪個。所以每每為師父這樣的心所感動。5'36"

對我們來說，檢查到自己，平常根據分工不同啊，你負責這個、我們負責那個。我們開會的時候，大家可以想想，法人有會呀、園區有會呀，僧團也有會呀，各個部門都有會。在開會的時候，我們對於那種他在負責他的事情上沒負責好的那個人，我們通常都會不太高興，但是有沒有想：「他沒有負責好，我有沒有給他一定的援助呢？」然後這就又涉及到：各人在各人的本分內負責自己的事情，這不是我的本分，我為什麼要去幫他？好像會跨越某種管理制度一樣。但是我們的發心本身就是跨越一切管理制度，我們的心要遍及一切法界有情，要幫忙一切有情離苦得樂，不能說那塊兒歸文殊菩薩管、這塊兒歸地藏菩薩管、這塊兒歸觀世音菩薩管，那我們管什麼呢？現在佛菩薩都已經遍及法界有情的發心，那我們什麼都不用管了！所以當我們的發心要遍及一切有情的時候，是不能受限於這些——分工、分工，受限之後就覺得不能去援助那個人，沒有援助他的心。這一點希望在這一段供諸位參考，反思一下自己。6'47"

因為師父在這一段講的是具足善根的人，說我們善根不具足的狀態下，怎麼樣讓這個淺的善根變得很深呢？就是要培福，要集資、淨懺。所以在一切事情上，能夠低下

心來幫忙大家成辦他要成辦的善業，努力地去幫忙別人。
做這個是為了什麼？因為資糧不夠啊！就是要積累善根、
要積累福報。7'20"

　　在這一點上，師父的觀點是非常明確的。所以我會想
要請大家聽一下，「導具善者趣佛地理」這具善者，如果
感覺到自己善根不夠，應該怎麼做？師父在這裡講的下腳
處是非常明晰的！7'38"

講次 0189

不斷淨罪集資，具足相應的善根

我們接著聽師父在新版《廣論》裡的一小段。

　　所以說這個情況之下，具足善根固然好，然後呢，我們現在聽聞教法大概多少是有一點，然後呢，希望從上面增上，這個大家還要靠自己的努力，這樣。所以但願我們憑藉著已經有的這個善根，繼續地不斷地在上面增長，那麼使得能夠百分之百能夠跟大師引導我們的條件相應，我們就上去了。所以「具善者趣佛地」，能夠一直達到佛這個地位，對這個——就是我們的目標，我們還有滿遙遠的一段距離。但是我們有的是機會，只要我們認識了，我們能不斷地在這個環境之下，好好地淨除罪障、集聚資糧那就對，那就是這個就是現在本論所

音檔　　鳳山寺版 02 52:10～53:18
手抄頁／行　鳳山寺版 1 冊　P57-L1～P57-L8

說的主要的整個的內涵。他那講的時候他有不同的方法,那根據各派不同的傳承。1'18"

　　師父說:「這個情況之下,具足善根固然好,然後呢,我們現在聽聞教法大概多少是有一點,然後呢,希望從上面增上」,增上要怎麼辦呢?「大家還要靠自己的努力。」說現在已經具足善根,可以聽到《菩提道次第廣論》,而且很多、很多人聽了之後非常地歡喜,甚至是欲罷不能!有的居士就一聽,聽了三十年,還在繼續地學。像這次去南北加,就看到有三十多年的居士,真的是非常非常地歡喜。當時給大家發三十年的那個下面有寶石的蓮花徽章的時候,其實我是懷著非常非常尊敬的心獻給他們的,我會覺得真是太有善根了!2'15"

　　那麼怎麼樣要憑藉自己已經有的善根,繼續不斷地在上面增長?師父為我們提出了目標,就是能夠百分之百跟大師引導我們的條件相應。宗大師把《廣論》講到「三種士夫所有行持一切次第無所缺少」,這樣的一個法在我面前,我們怎樣能夠具足百分之百的善根跟這個相應呢?相應的話,我們就上去了!師父說:所以「具善者趣佛地」，就能夠一直達到佛這樣的一個果位，這就是我們的目標。然後師父說：「我們還有滿遙遠的一段距離」，離成佛很遙遠的一段距離，但是師父接著說：「我們有的是機會」，什麼機會呀？「只要我們認識了，我們能不斷地在這個環境之下，好好地淨除罪障、集聚資糧那就對，那就是這個就是現在本論所說的主要的整個的內涵。」3'23"

成佛好像離我們非常遙遠，或者確定是很遙遠的距離，我們看到我們想要那個目標。但是我們現在擁有的是什麼？機會！什麼機會？認識了宗大師、認識了《菩提道次第廣論》、這麼多傳承祖師，只要能夠不斷地在這個環境下，環境是指什麼呀？有師、有友、有法，對吧？生活資具都不缺，然後自己又具足暇滿的那些條件嘛！還有這樣的一個僧團，僧團的法師們在前面帶著繼續地修學，然後我們都有廣論班；在家裡聽了聽，有點事情可能就中斷了；但是有個班，你不去的話，可能同學就打電話給你。有的時候還有一些同學很進步啦！然後你看著別人，「欸，他進步了，我得考慮考慮我自己呀！我有沒有長進啊？」4'21"

出家人也是一樣啊！大家都歸屬於各自的學制班，比如說你到底是戒論班的啊？俱舍班的啊？還是現觀班的啊？還是因類學班的？還是攝類學班的？有了一個班之後我們就會有進度，一直沿著那個進度往下走，就會有三十年不會間斷的聞思的這樣的一個事實擺在我們面前。所以這是一個很好的學法的環境啊，對不對？僧俗差不多都有一個這樣的學制。4'53"

雖然居士的學制還不是特別地完整，我們要一起努力呀！然後把它規畫得特別完整。但是畢竟這是一個非常好的學法環境，所以在這個環境裡，師父勸勉我們要好好地淨除罪障、積聚資糧那就對了！所以當我們心慌的時候想想：我有沒有淨除罪障、集聚資糧？我所做的一切事情有沒有朝著這樣的方向？大乘發心有沒有在策勵、策發自己？如果有朝著這樣的方向，那就是對的！5'28"

50

線上音檔掃描

講次0190
《般若經》：精進淨罪集資的重要

　　前幾天在讀《般若經》的時候，在卷第四百四十四〈第二分成辦品第四十八〉中間有一段，我給大家念一下：0'15"

> 復次，善現，有菩薩乘諸善男子、善女人等，雖於先世，得聞般若波羅蜜多，亦曾請問甚深義趣，或經一日、二日、三日、四日、五日，而不如說精進修行，今生人中，聞說如是甚深般若波羅蜜多，設經一日、二日、三日、四日、五日，其心堅固，無能壞者，若離所聞甚深般若波羅蜜多，尋便退失、心生猶豫。何以故？善現，是菩薩乘諸善男子、善女人等，由於先世得聞般若波羅蜜多，雖亦請問甚深意趣，而不如說精進修行，

音檔　　　鳳山寺版 02 52:10～53:18
手抄頁／行　鳳山寺版 1 冊　P57-L1～P57-L8

故於今生若遇善友慇懃勸勵，便樂聽受甚深般若波羅蜜多，若無善友慇懃勸勵，便於此經不樂聽受。彼於般若波羅蜜多，或時樂聞、或時不樂，或時堅固、或時退失，其心輕動進退非恆，猶如輕毛隨風飄轉。當知如是住菩薩乘諸善男子、善女人等，發趣大乘經時未久，未多親近真善知識，未多供養諸佛世尊，未曾受持讀誦、書寫、思惟、演說甚深般若波羅蜜多。2'11"

　　為什麼聽完了經，書本一放下然後就馬上開始退失、心生疑惑了呢？佛說就是因為先世雖然聽聞般若波羅蜜多，也曾問它的甚深意趣，但是沒有如說精進修行，就是修行不精進哪！所以今生遇到了善友，一勸他，他就開始發力、開始努力聽；如果沒人勸的話，就於此經不樂受持，他就顯示為有時候很願意修行，有時候就不願意修行；有的時候非常非常堅固信心、很勇猛，有的時候就退失了。他的心輕動，進退非恆，是很容易變動的，就像羽毛一樣隨風飄轉。3'02"

　　注意喔！這是說住菩薩乘善男子、善女人喔！他剛趣向於大乘，時間不是很久；沒有多親近真善知識，親近善知識力度不夠；沒有多供養，供養佛世尊也不夠；尤其是未曾受持、讀誦、書寫、思惟、演說甚深般若波羅蜜多，這些也沒有精進地修行。3'26"

這一段，再想一想剛才師父給我們講過的——所謂的「資糧不足」，就是如說修行要集資、淨懺。那麼集資、淨懺的部分，集資——比如說多供養三寶啊、多承事僧眾啊、多孝順父母親啊，這些都是集資糧的。如果沒有如說精進修行的話，我們就會出現在《般若經》裡講的這個症狀：一會兒精進、一會兒又忘了；有人一勸就發心，一會兒不勸就沒了。住菩薩乘善男子、善女人還有那樣的現象呢！4'02"

可見師父在新版的《廣論》給我們講的「具善根」的這個善根，是包含著要精進地積累資糧、淨除業障。這裡邊尤其是說具善者要把那善根培越來越深、越來越深，要怎樣才能夠讓自己的精進恆常，不會沒人勸你就懈怠了、有人勸你就精進。從內心裡真摯地、恆常地變成他自己的一個習慣，就是精進成為一種習慣了。當這種習慣還沒有出現的時候，大家要努力！4'41"

所以師父就是凡事都認真、凡事都努力，不肯放過任何一件事他對自心的觀察和調整，完全顯示了精進的內涵，始終如一這樣的一個內涵。能遇到這樣的善知識實在是太幸運了！能遇到《廣論》。所以大家一定要好好珍惜自己、好好地學習。另外也不要忘了常誦《般若經》，因為師父每日必誦《般若經》，從未間斷過，除非是病在床上起不來了，他一定會誦的！宗大師也是這樣的。所以大家也要堅持讀誦《般若》！堅持書寫、思惟、演說甚深般若波羅蜜多！5'29"

廣海明月

——道次第廣論講記淺析
第四卷

除苦引樂的法，
全在《廣論》裡

線上音檔掃描

講次 0191

辨識論名涵義及所說的法（四家註）

　　大家好！又到了我們研討《廣論》的時間了。每天都很期待這樣的時光，我們的生命也因聽聞《菩提道次第廣論》而具有非凡的意義，在聞思修中實現自我的生命價值，體驗我們自心對於經論的探索，也可以說心靈旅程的一次冒險，因為對我們內心來說，永遠都有新的、不一樣的發現。0'33"

　　今天我們要學《四家合註》第一冊，大家有書的話就翻到92頁，「㊣㊙第四、㊙辨識名義及所說法者」，然後下面就是《廣論》原文。「此中總攝一切佛語扼要，遍攝龍猛無著二大車之道軌，往趣一切種智地位勝士法範，三種士夫一切行持所有次第無所缺少。依菩提道次第門中，導

《四家合註白話校註集》頁／行　1 冊 P92-LL4 ～ P93-LL3
《四家合註入門》頁／行　　　　1 冊 P79-L1 ～ P80-L9

具善者趣佛地理，是謂此中所詮諸法。」在93頁的語
譯，說：「❹辨識《廣論》的論名涵義以及所說的法：本
論當中統攝了一切佛語的精髓扼要，並且完整地包含龍
猛、無著二大車軌師所宣說的道軌，前往一切種智地位的
殊勝士夫的法則，三種士夫一切行持的次第，沒有任何遺
漏缺少。透過菩提道次第，引導具足善根因緣者修行邁向
佛地的道理，這就是本論所詮說的法要。」1'55"

在這裡邊，注釋的部分大家可以看一下第二則，解釋
了一下「一切種智地位」，看第2則裡邊的第4行。前面
說了一下佛三智——一切智、道相智和一切種智。然後到
第2個注釋的上數第4行，有妙音笑大師在《八事七十
義》中的一句解釋。「一切種智」是什麼呢？就是「於一
剎那頃無餘現前證知如所有、盡所有相之究竟智，是一切
種智的性相。」2'35"

這個以後我們在講說趣向於一切種智地位，那一切種
智地位它的定義，還有那三智的差別，在《現觀》裡都有
廣泛的論述。我們再看一下，「於一剎那頃」，一剎那頃
喔！接下來是「無餘」，就是用極短的時間，「現前證知

如所有、盡所有性之究竟智」，他現前證知不是透過比量、不是透過推理，就是像眼前看到東西一樣。所以他是一下子會證得如所有性和盡所有性的究竟智，就是一切種智的性相。3'16"

佛陀不是有那樣的功德嗎？就是他在剎那頃可以了知一切眾生的心行，所有的一切都知道。一切所知在佛陀的面前是現量的，不是透過比量或者任何推理，完全是現量的。而且他現量了解是不需要利用任何儀器，完全是透過心！時間用多長呢？就是剎那頃而已。而且看得有多清楚呢？就像看手掌中的菴摩羅果一樣，全部是透明的，沒有什麼看不清楚的！所以對於一切所知全部都了解。3'58"

現在再換到下一本，大家可以看《四家合註入門》的79頁。仁波切說：「第三科已經結束了，現在是第四科。這一段裡仍有不同的段落，可以細分，但此處沒有再各別分段。本論到底依循何種講說傳規，下面還有說明。就是辨識所說法後，用哪一種解釋、講說的方式，有吉祥那蘭陀寺和止迦摩囉寺兩種傳規，本論將要依循哪一派的作法。從『此中』至『所詮諸法』中間沒有箋註。『此中總攝一切佛語扼要』」，在這裡仁波切有解釋「佛語」，所謂「佛語」是指什麼呢？是「指勝者言教，佛薄伽梵所說的法，全部即八萬四千法蘊。以有情的三毒煩惱為本的九品八萬四千煩惱，佛薄伽梵針對這些煩惱宣說了各自的對治法，就是八萬四千法蘊，也就是『佛語』。」5'11"

為什麼會有這麼多法呢？因為我們有這麼多煩惱，每一個煩惱都要有一個法來對治，所以有這麼多法蘊。這些佛語「將這其中一切的扼要攝集在一起，就是總攝扼要。」《廣論》文上不是說：「此中總攝一切佛語扼要」嗎？就是把一切的扼要攝集在一起。然後「如果將八萬四千法蘊收攝在一起，可以歸納成甚深及廣行二種道，這就是收攝扼要的方式。」5'46"

「『遍攝龍猛無著二大車之道軌』，所謂的『大車』，比如說，本來只有窄小的道路，後來整治成大路，使所有的車輛都能行駛，能這樣去拓寬道路的人，就被稱為『大車』。」在龍猛菩薩及無著菩薩之前，有沒有佛陀的教法？有的，不是沒有佛陀的教法，「但是大乘教法非常地式微，傳持的人很稀少，而小乘部派則廣泛地弘傳。

由於龍猛、無著二位菩薩廣開大乘之門，令大乘的教法長久流傳、光顯弘揚，所以被尊稱為『大車』。」6'36"

那麼大乘教法中最主要的是哪兩派的傳承呀？還知道吧？深見、廣行二派傳承，這是龍猛、無著菩薩得到文殊和慈氏二位菩薩的傳承。而龍猛、無著二位菩薩，大家可以想一想：那是不是龍猛菩薩的法，無著菩薩不知道？無著菩薩會的法，龍樹菩薩不知道，所以他們分兩派呢？仁波切說：「龍猛、無著二位菩薩並非在各自的教法中沒有對方的教法。以具德怙主聖者龍猛來說，無論深見、廣行的教法都全部了然；聖者無著菩薩也是一樣，並非不了解對方的教法」，那為什麼叫這兩派呢？「只是各自開啟事業大門的方式不同。」為什麼會有開啟事業的方式不同呢？「因為各自所化機不同，而形成不同的事業門，不是只有自己的教法而沒有對方的教法」，或者說龍樹菩薩不了解無著菩薩的法，不是這樣的。7'46"

舉個非常簡單的例子，比如說大家進入學習《廣論》的方法就是不一樣的，有的人可能從園區的那方面得到了《廣論》的消息，開始進《廣論》班的；還有的人去聽讚

頌，聽到了《廣論》的消息；還有的人種有機；還有的人
從教師營啊、校長營啊，很多不同的門徑了解到了這一
個。我剛才講的是入門方式。8'14"

所以，「在以前佛薄伽梵就已經授記龍猛、無著二位
菩薩將光顯大乘之門。本論將要闡述的就是二位大車的道
軌。」這兩位菩薩因為他們事業不同所以就分為兩大道
軌，是佛陀在經典中有明顯授記，是有經論依據的、佛金
口宣說的。8'39"

線上音檔掃描

講次 0192

三士夫的根本差別在動機（四家註）

　　那麼接著呢，大家看《四家合註入門》80頁的第二段。說：「接著，是一切具有善緣的所化機，『往趣一切種智地位勝士法範，三種士夫一切行持所有次第無所缺少』」，就所謂「所化機有上、中、下三類，將三種士夫各自修持方式的所有次第，無所缺少攝集一處的，就是本論。」那麼「三種士夫」是什麼呢？注意聽！注意聽！不要說：「三種士夫我已經非常熟練了」，所以心就馬虎了。要注意聽！「以自利為主，並且因為怖畏三惡趣，希望自己不要墮入三惡趣，而且能獲得人天果位，為此努力的就稱為下士夫。」0'55"

可以看清楚下士夫的主要目標是為了誰呀？是為了自己不要墮入三惡趣，希望能獲得人天的果位，將為這樣的幸福而努力的，就成為下士夫。能把自己管好了，也省得佛菩薩操心，對吧？但是，對所有下士夫的想法，佛菩薩們應該是希望能夠是透過共下士道，以後進入上士。1'29"

然後中士夫呢，「為了自我能夠從六道的輪迴大海中解脫而精勤奮鬥的，就稱為中士夫。」所以他並不滿足於不墮落三惡趣，他認為整個輪迴也是非常令人怖畏的甚深可畏的苦海，想要從這個輪迴的海裡面解脫出來，為此精勤奮鬥，就成為中士夫。那麼「不同於前者」，注意！哪一點不同於前者呢？「為了一切有情利益」，為了一切有情的利益！「自己精勤於獲得佛陀果位的，是上士夫。」這是對於三士夫最簡略的介紹。大家可以看清楚、聽清楚這三士夫的根本差別在於什麼？在於他們是為自己——正下士和正中士都是為了自己不要墮入惡趣、不要輪迴，然後發心精進修行。而上士夫，是為了一切有情的利益，然後精勤；他的目標不是為了解脫輪迴和不墮三惡趣，他的目標是為了成佛！2'48"

其中的重點到底是什麼呢？三種士夫是依靠著什麼來安立的？大家可以想想，是依靠什麼安立的三種士夫呢？是不是依照各自的等起、思想方向來安立的？就是自己的動機呀！你想要什麼，你的目的，對吧？所達到的目的安立的。所以結合我們的經驗來看也是如此，主要是自己的動機。如果好的話，就可以說是清淨的正法；動機不好，就很難說是清淨的正法。 3'25"

現在看《四家合註入門》第81頁。說：「我們禮佛一拜，或念一句『嘛呢』，如果是懷著為了來世人天增上生的動機，那就屬於下士道。《道炬論》當中直接顯示的下士夫，最基本必須是希求來世人天增上生的士夫。」如果只希求今生，是不是《道炬論》裡直接顯示的下士夫呢？有的時候去寺院裡求佛菩薩的，求升官、發財呀、兒子上大學呀，還有很多不能列入《道炬論》裡直接顯示的下士夫！因為還沒有希求來世。「如果只希求今生，就不是《道炬論》直接顯示的下士夫。」 4'14"

所以「如上所說，無論現在我們作課誦也好，或作任何的修持，為了獲得人天增上生，就屬於下士夫。為了自利而希求從輪迴中解脫，無論作任何淨罪的行為，都會成為中士夫的道。內心想著一切有情的利益，即使我只作一個禮拜，那也將成為上士夫的道。所謂的法，非常非常地甚深，非常非常地細微，僅就相續中內心執持境的方式那一點來安立。本來可能是不可思議的功德勝利，如果心被煩惱染雜，就會丟失這樣的功德。內心中意樂的差別，存在著巨大的差異！」5'02"

在這一小段裡，仁波切就在具體的例子上告訴我們，我們是用什麼樣的心禮佛、什麼樣的心念咒，我們就會進入什麼樣士夫的道，對不對？譬如現在大家都作課誦，有些人念《密集嘛》、有人念「嗡嘛呢唄咪吽」、有人念「嗡阿惹巴扎那帝」，還有人念「南無觀世音菩薩」；如果我們一害怕、一痛苦，想要馬上脫離痛苦的時候，好像那也只是為了眼前對不對？為了眼前的苦、眼前的怖畏，然後「南無大悲觀世音菩薩、南無大悲觀世音菩薩……」這樣去稱念佛菩薩的名號，到底有多少念頭是因為害怕來世墮落惡趣而祈求佛菩薩救護的呢？我們可以觀察一下自己。5'54"

　　那為什麼我作課誦的時候，或者我祈求佛菩薩的時候，這個下士夫的心的安立好像都常常不現前呢？是不是我們無限生命的概念還沒有確立？心續是不會消失的，從無始的過去到無限的未來，在這中間如果我們沒有了脫生死的話，就一直在生死中。如果在生死中墮落惡趣的話，那就會失去所有學習佛法的機會，對一個凡夫來說是很可怕的，就墮落了！所以來世有一個暇滿人身，應該是作為我們學習菩提道次第的人、想要修行的人吧，最起始的一個追求啊！因為這一生已經過了這麼多了，如果一進入惡道的話，來世就會太長了，那不是幾萬年、幾萬年算的，因為惡道很難出啊！6'51"

　　所以希求來世的心是非常必要的。那麼觀察一下我們自己，比如說上《廣論》研討，或者去做善行、去護持、去當義工，我們有沒有特別注意策動自己動機的部分？我是懷著一個共下士的心？還是共中士的心？還是一個為利一切有情希求一切智智的心，去做這些善行的？因為懷著什麼樣的動機，我們所做的善行就會被攝入什麼樣的道。很顯然，上士道像一個汪洋大海一樣，它所匯集的一切資糧都會成為一切智智的果位。如果能有這樣的一個發心的話，那麼我們所修行的一切都會成為大乘的加行吧！就是前面的準備吧！7'39"

所以如果不認真地策動動機去做各種修行，實在是很虧的！這就是為什麼每次聽聞的時候，都希望大家能夠認真地策動一下自己的內心，哪怕是相似的安立，哪怕是現在就想幾個念頭。我們平常的相續一直淹沒在眼前的芝麻綠豆這些事情上，只有確立一個生命最究竟的目標，一個高遠、終極的目標，看到了那個高遠、終極的目標，眼前的困境就會有勇氣穿越，因為終究這一切煩惱將被解決，因為我們已經找到了離苦得樂之道。對於眼下的這一步，是造惡業過去，還是造善業過去，我們就會很清晰地抉擇清楚。而且眼下我們得到人身，是我們修學佛法的最佳機會，這裡邊的三乘士夫，可以說任我們選擇，一入惡道就沒有這樣的機會，所以這是千載難逢的大好時機！8'39"

在這一段裡，仁波切特別特別強調內心的安立——你是什麼樣的發心。在這一小段裡邊說：「內心中意樂的差別，存在著巨大的差異！」修行者的差異性是從內心的安立、意樂的差別而導致的。誰最後能夠成佛，誰最後能走

怎樣怎樣的路，從你的動機上就區分開了。9'11"

　　「菩提道次第就完全收攝在《道炬論》裡面。」所以「依菩提道次第門中，導具善者趣佛地理，是謂此中所詮諸法」，這就是在辨識所要講說的法。9'29"

線上音檔掃描

講次 0193

你要的一切，都在本論裡

　　在阿咯慧海大師《廣論講說誦授傳承筆記》中，有這樣一段，說：「『此中總攝一切佛語扼要』這句話，是指一切佛陀成佛的密意扼要，用世間的話來講，這些內涵的關鍵就是令有情解脫。最初止息惡趣，安置於善趣；安置於善趣後，以四攝法依次引導於六度等；最後安置於無住涅槃的事業，即是佛陀的密意關鍵，以及事業的關鍵。這一切，《廣論》都收攝其中。」0'40"

　　這裡邊也再度講了一下：「『二大車之道軌』，並不是他們互相不了解」──深見派不了解廣行派，不是這樣的，「而是就開啟事業之門而分的。」「『往趣一切種智地位勝士法範』，這邊暫且不說不想趣往佛地的人，如果是決定欲往佛地者」，就是決定要成佛的。那麼請問：趣往佛地的方法在哪兒呢？你們現在的答案是什麼？本論都有，對吧！「趣往成佛的辦法本論都有。即便是下士夫，

趣行於彼道的方法」，下士夫的，就是想要不墮落惡趣的，想要來世得人天身的，比如說想要長相莊嚴、財富豐饒、有廣大的眷屬和朋翼等等，還有廣大的智慧、廣大的辯才，這些本論有嗎？能讓你成為這樣的人的方法，本論有嗎？「本論是有的。」對不對？「若是中、上士夫的趣行道理，本論也無不攝集。如果不是這三種士夫，那就不能算入希求一切智智者的行列了。」然後這位善知識這樣講，說：「傑仁波切在此處只是溫和的講法，其實這一句話是將重大關鍵講得很清楚的。」2'04"

問大家一個問題：說《廣論》所有的次第都有，那麼比如說經懺，還有什麼除天災、降雨什麼，這個法有沒有？消除大火的祈雨的方法，《廣論》有沒有？不是所有次第都有嗎？那你們認為有沒有呢？2'25"

聽一聽大善知識的回答，說：「大部分人會認為《廣論》不具備經懺、除天災等許多儀軌修法。其實並非不具備，因為這一切的根本都依賴於心，而心又依賴於悲智力，所以那些法出生的方便在本論都是有的。」祈雨的儀軌是有的，但是如果沒有修行的話，祈雨會靈驗嗎？那他的修行是靠什麼修來的？還是靠修行本論的內涵，對不對？很多很多功德，是要靠修習菩提道次第然後才能夠成就的，因為這是一切佛語扼要的修持，可以令我們成佛的法在這裡都有。成佛應該是最難的吧！最遠的都有了。

3'15"

那麼，我問大家一個問題：讓你免除心煩意亂的法，《廣論》有嗎？止息你的悲痛的法，《廣論》有嗎？讓你不再沮喪的法，《廣論》有嗎？不再沮喪、不再悲哀，能夠對生命正向作意，能夠有希望，這是屬於此世的快樂還是來世的快樂呢？好像被攝入此世的快樂，對不對？那麼此世的快樂更容易得到，還是來生的快樂更容易得到呢？此世已經有人身了，而且還是個不錯的人身，具有善根，對佛法具有信心，能夠長年累月地堅持聽聞道次第的法，聽聞很多佛法，這是非常有善根的一個人。那麼達到此世的平靜容易呢？還是得到來世的人身容易呢？4'13"

當我們心裡邊有煩惱，或者有各種問題的時候，我們是會向《菩提道次第廣論》去求解決的方法呢？還是去到其他地方找解決的方法呢？因為宗大師說一切佛語的扼要

都在這裡邊，三種士夫一切行持所有次第都在這裡邊。如果我們要希求來世暇滿人身的那個法，會不會在《廣論》裡呢？那麼在《廣論》裡邊，那是怎麼樣的法呢？從發心到加行要怎麼修？親近善知識的第一個法類，是不是可以不墮落惡趣？對吧！皈依三寶也可以不墮落惡趣，出離生死那個出離心更可以，菩提心更可以。所有的法修成的最低起點，都一定是來生不墮落惡趣——最起碼的利益就是不墮落惡趣。5'10"

線上音檔掃描

講次 0194

痛苦當下，記得種離苦得樂的因

我們現在已經遇到了這麼完美的教法，觀察一下自己的心，能不能信得過呢？會不會覺得除苦引樂的方法就在本論裡邊？注意喔！滅除一切的苦、圓滿一切功德的法，《廣論》裡都有。那麼我們滅除當下痛苦的方法，《廣論》裡會有嗎？在我們當下痛苦的時候，我們是更重視馬上解決眼前的痛苦，還是想要種一個樂因、種一個善因呢？還是已經學會了把當下的痛苦轉為道用，哪裡有痛苦、哪裡有煩惱立刻就起修？痛苦逼迫得越猛，道心越堅固，希求一切眾生離苦得樂的心會越強，因為我都這麼苦了，還有很多眾生比我還苦，那麼就讓我所受的苦能消除他們的苦。這也是痛苦的時候一個修法。0'54"

眼前的苦楚能不能變成是鞭策我們去修道的，還是變成了拖累我們修行不了的？這我們的心要想清楚。比如說要參加廣論班，會不會有大大小小的障礙？會有的！但是

那些障礙是讓你更加地積資淨懺，想要突破這些障礙，還是那些障礙就戰勝自己了，自己被障礙打敗就學不了了？這也是兩條抉擇的路。那看看來生，如果不學，用什麼方法得到暇滿人身呢？沒有其他的方法呀！因為這裡邊會給我們下士夫的利益呀！如果認真照著修行的話，是一定會得到下士夫的利益！1'37"

雖然是一小段，每一句、每一句都在提醒我們離苦得樂的辦法。我們到底對於佛說的離苦得樂的辦法，心裡能不能信得過？能不能死盡偷心地去造善業？因為善業會出生快樂。能不能死盡偷心地去淨除惡業？惡業是由煩惱引生的，淨化它一定是從動機上開始的。就是我為什麼要做這些事？如果是為名、為利，甚至是為了一己之私去傷害別人，那就是純粹的惡業了。所以這些點就要在二六時中自己觀察自己的相續，要認認真真地把雜質去掉、把黑業去掉，造集白淨的善業。因為佛說善業才會出生樂，惡業只會出生苦。2'27"

所以對於我們來說，如果我說現世的苦樂不重要，可能大家會說：「怎麼不重要？我們的心被現世的苦樂綁得死死的！當有樂來的時候，大家便不想離開；當有苦來的時候，就一刻都不願意停。」但是注意力如果轉成來世的苦樂的話，我們就會注意：我當前的心念是否是來世暇滿人身的正因呢？在苦樂臨頭的時候，最重要的是護戒，對不對？增上生的因，除了戒定非餘呀，這後面有講。所以什麼樣的發心，就是我們作為修行人我們的目標是什麼，就決定我們會為那個目標努力。3'08"

心理學家也有這樣研究，說當一個人的大腦不去告訴他的身體要放棄什麼的時候，其實他的身體也不會放棄的，就是說其實大腦是指揮這一切的。那麼那裡邊所謂的大腦，可以理解為我們的心的作用嗎？當你的心想要那個時候，你的心不想要因為挫折而放棄，不想要因為沮喪而不去希求三士夫的果利，甚至一切智智的果位的話，我們是否可以穿越挫折、穿越此生的種種障礙，然後去希求那個結果？因為就像師父講的，有機會呀！我們是具善根者，能夠聽聞道次第，具足這樣的善根的人是不是《廣論》的所化機？那我的善根深淺還是我自己可以培植的！3'57"

有的人樂的時候造惡業，有的人苦的時候造惡業，所以並不一定樂的時候我們就會佔到便宜，不一定現在很快樂就對來世很好，也不一定現在很苦就對來世不好，關鍵是在苦和樂的時候，我們選擇是不是希求來世？是不是希求脫離輪迴？是不是希求饒益一切有情去成佛？那個關鍵是《廣論》要教我們的，對不對？4'24"

想一想，會不會很感恩這一生生命的際遇？我們居然遇到了可以成佛的法、可以當菩薩的法、可以脫離輪迴的法、可以免除墮落惡趣的法，《廣論》裡都有！還有什麼樣的武功祕笈，從苦的地方趣樂的地方，有這樣一個大全的武功祕笈？所以我們真的是遇到寶了！為什麼這個寶藏會落入到你的家門呢？會落入到你的心中呢？我們是有福報的人嗎？如果有福報的人，就不要忘了繼續積福啊！繼續好好地珍惜現有的一切。不要因為自己的非理作意、自己的妄念等等，就無視這樣的因緣，或者慢慢就麻木了，認為這一切都是好像永遠不會消失，一切就是這麼自然的。不是的！這是往昔我們費了很多勤苦的修行才換來的結果，也是我們的善知識不知道用了多少生的努力，才把我們喚回到覺醒能夠持戒，然後得到這樣的人身修行啊！

所以千萬不要對此生能夠具足聽聞《廣論》的善根自己不珍惜呀！自己覺得無所謂，甚至讓它付諸東流，這些就太可惜了！5'49"

所以希望大家能夠將宗大師的叮嚀、佛陀的叮嚀放在心上。想一想：是不是離苦得樂的法《廣論》裡都有？那麼當我感到痛苦的時候，我是到這裡面去找快樂的辦法嗎？去替掉我那些根本不清淨的，甚至是背道而馳地尋找快樂的方法，我們能不能有這樣的信任？6'18"

在這一小段裡，我們可以捫心自問 —— 在每一個清晨、每一個夜晚、每一次對境的時候，可以捫心自問無數遍！6'30"

廣海明月

——道次第廣論講記淺析

第四卷

依下士道角度，
調整聞法動機

線上音檔掃描

講次0195

策動聽聞動機，獲取暇身大利

大家好！又到了我們研討《廣論》的時間了。在每次研討之前，希望我們能夠好好地調整自己的動機，因為我很多的善知識都非常非常強調發心及迴向。如果我們所造作的業沒有一個正確的發心引導，比如說如果是以希求此世安樂的心來聽聞的話，未必是一個清淨的正法。所以我們動機每次都要調整。0'38"

我常常在研討《廣論》之前自己調整一下，也請大家調整一下，不知道你們會不會聽煩了？但是有的時候我想：就這樣很短的時間，大家跟著我調整一下，是否能夠真實地策動起趣向於大乘的發心呢？哪怕是相似的，所以我有的時候想把調整動機的時間拉長。但是要追進度，所以就會變短。今天因為〈皈敬頌〉講完了，開始要進入《廣論》的正文的部分，所以希望我們能夠認真地策動我們來聽聞、學習《廣論》的動機。1'26"

　　有一位大善知識開示聽法前的動機，我每次看了都很感動，所以在這裡跟大家一起學習一下。在《入行論‧第一品菩提心利益品》中，第四偈提到：「暇滿人身極難得，既得能辦人身利，倘若今生利未辦，後世怎得此圓滿？」說在今生我們有機會能夠獲得八種閒暇以及十種圓滿的人身，這樣的人身是相當難得的；不僅難得，而且它這個暇滿人身能夠成辦我們很多有意義的事情。2'10"

　　在偈頌的第二句話：「既得能辦人身利」當中的「利」，最主要的是指士夫的利益。所謂「士夫」，以廣義的方式來說的話，就是一切的補特伽羅都能夠稱為「士夫」。在梵文當中，「士夫」這個詞所代表的意思是具有能力、有作用，稱之為「士夫」。比方說補特伽羅，他們不管身體或是心靈，在面對外境的同時，都會有種種的感受，他是有某種反應的能力，所以我們稱一切的補特伽羅為「士夫」，這是廣義的士夫意思。2'49"

　　但是在《入行論》中特別提到的士夫的利益，這當中的士夫，並不是以今生的安樂為主的士夫，也就是他跟一般的是不同的。這當中的士夫他的眼光必須要放得長遠，

他所希求的一定是來生的利益，所以他的出發點也是以希求後世安樂為主的，這樣才稱為「士夫」。3'15"

如果我們現在做一切事情，所緣的都是為今生的安樂打算的話，貪著此生的樂而行善，其實所造作的善業不能夠成為真正的正法。更進一步，如果我們想要將所造的善業提升為正法，這時候我們的眼光真的要放得長遠，就是不要以今生的安樂為希願，要以後世的安樂為我們的希願，就是以來生為主。以來世為主的話，比如從早晨開始我們就可以觀察：我吃飯的時候只不過是為了解決現在的飢餓罷了，我是為希求來世的安樂而用餐的嗎？乃至衣、食、住、行所做的一切，甚至是聞法，到底希求後世安樂這個念頭會不會在我們的心裡邊現行呢？我們到底是著重在此世的安樂，還是後世的安樂呢？每天觀察自己就一定會見分曉的，非常清楚！4'29"

如果是以希求後世安樂為前提的話，那後世的安樂包括什麼呢？簡單就說「現前」以及「究竟」兩個部分。現前是什麼？我們在輪迴之中獲得人天道——人天的果位啊！就是指人天的增上生果。如果沒有人天的增上生果，我們想修學佛法是很困難、不太可能的事情。但是在獲得了人天增上生的果位之後，更進一步我們要成辦的究竟利益，也就是解脫、一切智，以及一切遍智。5'04"

我們現在所獲得的這個暇滿人身，它最大的利益是能夠成辦現前增上生，以及究竟決定勝種種利益。所以我們現在所獲得的人身，是否在今生當中能夠成辦種種利益？最殊勝的，當然就希望得到人身的時候成就佛果；退而求其次的話，沒有成辦佛果，也希望能夠希求一己的解脫；如果沒有辦法獲得一己的解脫，也希望來生能夠不墮惡趣，或者不墮在非閒暇處。這是我們現在憑藉這個暇滿人身可以拿到的利益。5'52"

我很想知道現在大家在想什麼？比如說每天出門的時候都要照鏡子，照鏡子的時候就照到自己。我們照鏡子的時候，是看看自己的衣服或者臉有沒有洗乾淨，但是我們就會照到一個人啊！說：「那個人就是我自己。」在照鏡子看到一個人身、一個人的形狀的時候，會不會憶念到暇滿人身的利益呢？當我們照鏡子看自己的時候，是只看美醜、衣裝整不整潔，還是會看到這是一個暇身啊？雖然十

圓滿未必都具足，但是一定還是有閒暇聽聞佛法，還是有信、有很多條件的。所以會不會對我們經過了持戒和很多修行得到的人身，內心裡很珍惜呢？因為如果我只看形貌的話，是不是就辜負了這個暇滿它能帶給我們的巨大的利益、難以想像的利益？祖師、佛菩薩在教典裡都諄諄教誨我們，是可以透過這個暇滿人身拿到增上生乃至決定勝的。最下的來世不墮落惡趣，就是《菩提道次第廣論》會給我們的下士夫的利益，或者是共下士道的利益。7'23"

線上音檔掃描

講次 0196

思惟念死，產生修學正法的動力

　　過去很多上師有提到：獲得了增上生，尤其是獲得暇滿人身之後，我們必須要能夠生生增上。就是這一生得到了這個暇滿人身，不夠的！還要一生比一生增上，希望一生比一生更進步。由於這樣的方式，讓我們能夠徹底地脫離輪迴的痛苦，獲得解脫，乃至究竟地成辦一切智智的圓滿佛果。所以，如果我們沒有辦法生生增上，縱使在今生能夠得到這樣的暇滿人身，但實際上到底能具有多大的意義呢？因此，在偈頌的最後兩句話有特別地強調：「倘若今生利未辦，後世怎得此圓滿？」如果在獲得人身的同時，種種的利益無法去成辦的話，而在將來想要再一次獲得暇滿人身，《入行論》的原話是什麼？「後世怎得此圓滿？」得不到的意思，對不對？至少說這是不太可能的一件事。注意喔！注意！寂天菩薩講這句話的重量啊！如果沒有辦法增上、沒有得到利益的話，想要再一次獲得這樣的人身是不太可能的事，後世怎得此暇滿？1'31"

所以在照鏡子的時候、在想自己的時候，我們要想到：今生我雖然獲得了能夠修學佛法的人身，遇到了善知識，遇到了宗大師清淨圓滿的教法，還有這麼多的善友在周圍，但我所獲得的人身，有沒有辦法長久地安住在世間呢？或者說有沒有辦法不死呢？一定要去思惟念死的這個內涵。2'07"

　　人活在世上都不願意去想死亡，想死亡我們會悶悶不樂，感到悲哀、恐懼。那麼為什麼在《廣論》裡還要念死呢？因為當我們念死之後，沒錯，會產生痛苦、產生怖畏，但是同時我們也會有一種力量產生──就是我如何擺脫這種痛苦呢？它會有一種推動的能力。2'37"

　　想到如何擺脫這種生死痛苦的時候，我們自然就會想：誰能幫我擺脫生死的痛苦？眼前的這些，靠人際關係、靠美食、靠衣服、靠房子、靠車，甚至靠自己的容貌，都不能讓我們擺脫生死的痛苦。唯有什麼？修學正法，跟著佛陀修學正法，才能夠對治生死痛苦。3'17"

　　在活著的時候很多人不願意去想死亡，絕大部分沒有念死無常，對不對？但實際上如果認真地去想一想，我們都知道有一天一定會死的！那麼在什麼樣的情況下、在什麼樣的時間點，這是我們沒辦法預測的，像有的時候身體非常健康的一個人，很快地他就不見了。所以年齡大的、年齡中等的和年齡小的，誰先走也是不一定的。3'56"

我們在死的當下，除了所學的正法以外，周遭的一切到底對我們會不會有很大的幫助呢？我們就想一想：到死的時候什麼能幫助我們？親友當然可以幫我們在之前照顧身體，但是我們心念的部分，什麼東西能夠帶往來世？一定是正法，對不對？所以進一步要修學正法。相反地，如果沒有辦法念死，這一天早晨我們不念死，所追求的一切都是以今生的安樂為主的話，我們的所作所為都沒有辦法稱之為修行正法吧？4'42"

所以必須透過念死，讓我們知道此生得到了這個暇滿人身，實際上它是有一個盡頭。死之後，不是一切都停止了——我們化為微塵，甚至成為沒有；我們的心續還會繼續向前。心續繼續剎那剎那向前流動的時候有滾動的業力，在這個業力剎那剎那成熟的時候，我們最怕的是帶惡業到後世,最高興的是帶善業到後世,因為會快樂啊!那麼能夠鞭策我們的內心、警醒我們的三業時時刻刻要造善業的,就是唯有修學正法、持戒!對不對?所以雖然念死法門像凜冽的飲料一樣,喝了之後會覺得很冰,但是會頭腦清醒,會讓我們能夠明辨取捨,至少對這一天的生活、這一天的人生,我應該捨什麼、取什麼,不會陷入深度迷亂,甚至會極度清晰和準確地選出對來生有益的那件事要最先完成。6'06"

線上音檔掃描

講次 0197

秤量心續善惡業，思考死後趣何處

以前在討論到念死的時候，記得有一個廣論班的同學說：「啊！既然大家都會死，現在活著好像都沒什麼意思了！天天想死亡的話，那該多憂愁呀！」你們也有這種感覺吧？覺得心裡像壓了一塊石頭一樣。但這是念死嗎？這不是《廣論》上所說的念死吧！這是想到此生會死的時候，心裡跌入的一種迷悶、憂愁吧！那麼《廣論》上讓我們念死，到底是為什麼？是要我們在內心中產生去行持正法的一股力量，去對治苦的一種力量，而不是想到死亡之後，自己心就跌在那種黑暗黑暗的孤獨憂傷中，然後感到絕望。不是這種東西。0'58"

所以念死法門，是讓我們感覺到這個人身的珍貴和易失。那麼想到死之後接著要想什麼？要想業。想業的話，你就得想到善業和惡業兩股，對不對？那麼想善業和惡業，想誰呢？一定要想自己，想我們的心續當中有許多善

業。有吧？我們很多人都覺得自己還滿善良的，對吧？那請問：善良的人心中有沒有許多的惡業呢？自己問自己喔！不要去問別人：「你有很多惡業嗎？」問自己：那我心中有沒有很多惡業呢？1'40"

那麼在善惡業兩者的相較之下，請問：我自己可以分判出我心續裡的善業是多的，還是惡業是多的呢？因為我們沒辦法把往昔劫所造的業，像拿一個秤把它秤量一下，我們拿不出來，都忘記了！沒辦法！但是大善知識們都這樣告誡我們，說：「善惡兩者的業力相較的話，惡業它的數量是遠超過善業的；不僅數量超過善業，而且它的力量也遠大於善業。」所以我們的心續中雖然有善，但是不管從數量的角度，還是力量的角度，它都沒有辦法跟惡業相比較。2'38"

注意！如果看到這種狀況還保持現狀的話，那接著又想到念死了。等到死亡到來的那一天，因為惡業的數量又多、力量又大，那除了惡趣之外，我們沒有另外一個地方可以去，對不對？一定會推出這樣的！並且由於我們沒有辦法透過這一生所獲得的人身 —— 注意下面我說的幾個字——如實、真實地修學正法，這些能夠真正幫助我們淨化惡業、培植善業的法，我們如果沒有認真修的話，請問在臨命終的時候，怎麼會出現強大緣念正法的力量，或者強大的善業的力量？所以是很危險的！ 3'36"

所以念死的時候，不是想到死就跌入那種痛苦，而是要往後想。死的時候什麼是最必要、最需要的？就是正法！也就是善業。那就觀察一下有多少善業、有多少惡業？如果惡業的力量徹底地大於了善業的力量的話，那就只有一個地方去——就墮入惡趣了！一旦墮入惡趣，就不是今生的這些愛別離苦、怨憎會苦，或者人生慘痛的遭遇所能比擬的惡趣苦！我們沒法想像地獄道的苦吧？想都想不出來，因為完全是不現前的。 4'20"

餓鬼的苦，也是想不出來的。但是我們修過斷食的人，比如說有人是修水斷，就是只喝水；還有我們修法的話，兩天吃一餐，有的人飢渴到外面下雨的時候都想把嘴張開！但是不能那樣張開，張開你就喝水了，所以要克制。然後有的人假裝在雨裡走過，讓雨淋一淋自己，嘴也不張開，因為那時候全身已經燃燒得像一個火炭一樣，飢

餓！還有的人餓一兩天之後就產生種種幻覺，還有的人可
能想去捶牆等等。就餓一兩天喔！而且你還是非常清楚是
為了修法、為了持戒。所以我們無法想像餓鬼道的生存狀
態到底是慘成什麼樣子！5'12"

線上音檔掃描

講次 0198

思惟惡趣劇烈苦，至心虔皈三寶尊

　　我們仔細地看一看畜生道的苦，比如說生為一條狗，或者一隻螃蟹，或者生為牛，這輩子只吃草，還要被殺，有地方去投訴嗎？有誰為牛打官司？當然是有一些動物愛好者，還有一些善心人士放生啊！像我們就放生牛，但是還是有那麼多的牛被殺呀！還有那些剛出生的小羊，誰覺得牠們也是羊媽媽的嬰兒？像人類一個嬰兒出生了，大家都去祝賀呀！然後會給他好吃、好喝的，想將來給他怎麼養大、上什麼學？一隻羊的羊羔出生了之後，有的就直接送進屠宰場了！為什麼？因為牠的小羊皮非常地柔軟，有些人是不在乎那是一隻羊的嬰兒！所以一旦進入到那種狀況，剛出生可能就被殺，或者你正少年就被殺，你是沒法講清楚的，不會說話就只會鳴叫，有的時候叫也叫不出來！所以很難想像在那樣的惡趣活一天，一旦進入惡道，沒有尊嚴、沒有語言，有誰同情我們的命運嗎？1'28"

　　比如說有一次，我在哪個城市我忘記了，看到一頭小毛驢，牠被一個男孩趕著，牠拉了一個車，車上放了一堆鋼管，應該是很重吧！那個繩子好像不是一個麻繩，我不知道是一個什麼樣的繩子，把牠的後背勒出了非常深的一道傷痕，牠露出的肉是粉的喲！那個繩子還在上面。路過的時候因為我走得特別快，我當時很想把那頭驢買下來，但是也沒處放。後來我就跟那個男孩說：「這個繩子弄在牠身上，多疼啊！」我就把我的手帕拿出來說：「你可不可以給那個驢墊著？或者你給牠治傷，或者放一個皮在下面。」我說：「這頭驢是很痛的！」我後來也就只能這樣子，然後就會好幾天心情不好。但是光心情不好有什麼用？要不去淨化惡趣的因，我的來生可能還不如一頭小毛驢那樣的處境呢！2'32"

　　所以想一想，真正墮入惡趣我們是無法忍受的！現在還沒有說地獄道的苦、餓鬼道的苦，只是畜生道的苦就是無法忍受的。地獄道的苦到底比畜生道的苦大多少倍，能算出來嗎？那強烈的程度！苦的意思就是它強烈的程度、刺激身心的程度，是無法想像的！所以這個時候我們去思惟三惡趣苦的話，大家就會覺得非常緊張，內心也會生起恐懼，會感覺到不快樂。但是這樣的思考會讓我們覺得：
來生我絕對不要投生在這樣一個惡劣的環境，因為有很難
想像的痛苦。所以，我怎樣才能不投進這樣的惡趣呢？有
誰能成為我的皈依和救處呢？那麼我們就要生起正念而皈
依三寶，這就是皈依三寶的一個因——怖畏惡趣。注意！
惡趣前面有兩個字叫「怖畏」。誰的心怖畏？是我們的心
怖畏。我們的心為什麼而生起怖畏了？就是念死啊！3'41"

　　所以當我們念死的時候，一定要跨越過那種憂悲苦惱
的愛別離。有的人一念死就陷入愛別離苦了——哎呀！跟
誰要分開啦！就開始痛苦。實際上善知識讓我們生起的
是——要注意到業！要想怎麼樣去解決墮落惡趣的這個
苦。所以我們要拉著我們的心，沿著祖師、佛菩薩許給我
們的那個理路的路徑走過去，而不要沿著自己思惟的那一
條小路。那個是除了愛別離苦、除了恐怖，我們也得不到
什麼——絕望！但是皈依三寶，由於怖畏惡趣，注意！它
不是用害怕，是怖畏，深深地恐懼——由於怖畏惡趣而相
信三寶能救、皈依三寶。4'25"

　　在皈依三寶之後，應該怎麼樣救拔惡趣呢？就是要學

習皈依的學處。那麼在皈依三寶當中，佛是我們皈依的導師，法是我們的正皈依，而僧是我們修學正法的助伴。所以在皈依的同時，我們必須從內心深處非常虔誠地皈依三寶，因為我們知道唯有三寶才能夠救我們。救我們什麼呀？墮落惡趣的這種怖畏。有沒有發現《菩提道次第》讓我們思考的角度，有的時候是讓我們的心裡產生一種極度的恐懼？然後這種極度的恐懼讓我們就去找辦法擺脫這種恐懼，然後就去尋找皈依呀！那麼天上、地下去尋找的話，能讓我們不墮落的法，能幫我們不墮落的導師——就是佛陀！所以要用這樣的心去皈依三寶。5'33"

線上音檔掃描

講次 0199

阻斷惡趣的機會，就在你手上

　　從我們的心續來看，僅僅生起皈依三寶的這樣的念頭，說：「我要皈依三寶！」這樣還是不夠的；在皈依三寶之後，我們還應該做些什麼呢？必須要如實地修學業果的道理。盡可能地行善、斷惡。如果我們能夠努力地行善、斷惡的話，來生才有可能獲得增上生的機會。為什麼？因為心續裡惡太多了，對不對？你要用很大的力量去造善業。0'40"

　　上述講的就是以下士道的角度，來調整我們聞法的動機。總攝來說，一開始我們一定要思惟念死無常；透過思惟念死無常想到此生不能久住，而且生命不是斷滅的，它是無限的生命，所以一定會有來生。那麼來生決定我得一個什麼樣的身體的決定因素，到底是什麼？是善業和惡業，對不對？決定去惡趣的就是惡業。如果不想要墮落惡趣受苦，我們就必須要提起皈依三寶的正念。而且在皈依

三寶之後，內心要生起強烈的定解——我要按照三寶所告誡我的方式如實地去修行。1'41"

什麼叫如實地修行呢？有人說：「你修行這麼多年，你有神通嗎？你沒有神通的話，你就沒有修行。」是這樣嗎？還有人說：「你有見到什麼嗎？」有人是這樣看有沒有修行的。但是真實開始修行是什麼？對於過去所造的惡業心生懺悔！因為修行是要救拔惡趣的，救拔我們來世墮落惡趣苦的這種修行喔！所以對過去所造的惡業心生懺悔——這是對過去的；對於將來三門有可能造作的惡行，內心當中要生起什麼？那兩個字——防護。這是對惡業，對不對？對過去已經造的一定要去懺悔，讓它不要感果！就像種一個什麼東西，我們中間要去干涉它，讓它不要結出果實。所以不知道諸位有沒有常常地憶念三十五佛，或者禮拜三十五佛懺悔？2'44"

那麼對於將來三門有可能造作的惡行，內心怎麼樣能夠生起防護呢？這個其實還是要念死的。因為不念死的話，我們就會覺得：我本善良！在很多人中都是善人，我心中怎麼會有很多惡行，會造作很多惡業呢？我們會對於惡業的觀察太過粗糙，無法判別自己可能像牛毛、像雨絲那樣細的惡業的念頭，或者還有一種等起等等。這個要不是念死、不是怖畏惡趣的話，我們無法提起強猛的心力防護自己，就會心處在一種浮浮泛泛的狀態，像師父說的。為什麼那樣聽法會墮落惡趣？今天也有一個理由，對不對？因為聽法就是要截斷那個惡趣的，但是如果浮浮泛泛，根本提不起強猛的心力和正念來對治的話，那惡業的續流是遮擋不了的。3'49"

所以早晨聽聞正法，一天頭腦都相對清醒很多。在貪瞋癡的境界面前，我們就會止足，知道此處危險，不可以再往前跨越；一旦跨越，就會造作像掉進深淵那樣的惡業，所以會對我們的內心有相當的防護力。4'12"

如果我們能這樣努力地去對過去的惡業進行猛利的懺悔，對將來要造作的惡業進行防護的話，我們是不是來生有機會再一次獲得增上生呢？絕對是有機會的！為什麼？因為我們得到這個暇滿人身，它能得到的最下的利益就是來世不墮落惡趣。我們遇到善知識了、遇到正法了，那麼還差什麼？就差我斷惡修善的力量。如果我這個力量跟

上，那麼這個暇滿人身直接給我的一個非常大的助力，就是我完全可以截斷三惡趣，我不墮落三惡趣！這就是作為人、得到這個暇滿人身，我們能夠得到的最初的利益。 4'56"

想一想，我們常常會因為人際關係、因為錢、因為什麼什麼，開始心情非常非常不好，覺得非常非常地沮喪、非常非常地失敗。那個時候是不是也沒有想起暇滿義大呀？儘管說這一生我好像很多事情都不成功，但是我成功地得到了暇滿人身，對吧！成功地值遇了宗大師教法，也成功對三寶生起了信心。就算人際關係不好，或者事業失敗，或者身體有病了，或者遇到親人離開了，但是我能夠截斷三惡趣的這種機會有沒有因為這些失去呢？是沒有的！能感覺到我們得到這樣一個人身，它所擁有的強大的力量嗎？這個力量足以阻斷三惡趣喔！如果我們好好修行的話。 5'55"

那這到底是一個什麼寶物啊？你在世間可不可以找到一個寶物，拿到這個寶物之後就可以不墮落三惡趣？那個寶物在哪裡呢？不是說萬兩黃金、不是說多少豪宅，而就是什麼？暇滿人身它所具有的能力。而這個能力就是我們現在具有的，如果我們不用它，不把這個能力發揮到阻斷惡趣的這個最關鍵的幸福上，讓它白白地消失，有什麼事比這更愚蠢、更瘋狂嗎？我們常常覺得：我是瘋子！我說了什麼話、我做了什麼事……，但是在可以截斷惡趣的機會面前，我們卻如聾如盲，把大把的機會都流失掉，好像覺得人生沒有意義，一點也不珍惜這個人身，當一些現實的安樂遭到阻撓之後，我們就陷入憂悲苦惱，然後一蹶不振。想一想：即使現世很不順，我們依然能夠為來世阻斷惡趣，這個人身會發揮極大的效用，所以它真的是個寶！7'06"

照鏡子的時候能想到人身寶嗎？能想到這個鏡子裡的人，我看他有時候生氣、有時候沮喪、有時候覺得驕傲等等，各種複雜的想法雲集起來的這個暇滿人身的隨順人身，可以具有阻斷惡趣的力量！想一想會不會欣喜若狂呢？會不會在地上跳起來呢？你會不會兩眼發光呢？你會不會覺得人生希望無窮？我居然手中攥有阻斷惡趣的力量，真的、假的？不管我此生多麼失敗，我還是擁有這種機會！我活著一天努力修行，比如說念一句三十五佛、念一句佛名，就可以淨化那麼多的惡業。這個心、這個人身到底具有怎樣非凡的力量，可以為我的來生創造無窮無盡的幸福，我們有探索清楚嗎？我們對此有好奇嗎？我們對此有熱忱嗎？我們對此有真誠嗎？我們對此有毅力嗎？8'09"

想一想，這是何等振奮人心的消息，就在經典裡佛陀會一再地提醒我們，善知識會一再地提醒我們：我們手中握有這樣的良機，如果用心成辦的話，完全可以阻斷地獄道、餓鬼道、畜生道的苦，這個機會就在掌中！就在你、我的手中！就在每天流逝的這些憂悲苦惱、芝麻綠豆的煩惱，把我們自己攪得天翻地覆、烏煙瘴氣的這種當中喔！就埋藏著這樣的機會。8'46"

廣海明月

——道次第廣論講記淺析

第四卷

調整動機，
趣向大乘

線上音檔掃描

講次 0200

發心滅除生死苦，全心修學戒定慧

　　每次當我們照鏡子的時候，都比較關注今天有沒有整潔、有沒有莊嚴，好像並不在意來世是一張什麼樣的臉。如果發生希求後世之心的話，每次照鏡子的時候要想一想：來生我長什麼樣的臉？進一步再作思惟的話，如果只是投生在善趣，這樣是不是就足夠了呢？其實還是不足夠。為什麼？因為現在我們就在善趣呀！我們現今的狀況就是在善趣，而且獲得了暇滿的人身，在獲得了人身的同時，能夠值遇到善知識還有佛陀的教法。雖然這一生我們投生在善趣，能夠暫時地脫離了惡趣的痛苦，但現今我們還是要面對輪迴當中的生、老、病、死種種的痛苦。還有更可怕的，如果今生沒有好好修學的話，遇到惡緣，來生我們還必須要墮入惡趣。所以現今暫時獲得的人身，沒有辦法保證來生不墮落惡趣。1'20"

　　所以當我們發生希求後世之心之後，我們想希求來世得一個人身，還是就像現在一樣，我們前世可能就發心了，然後得到這樣一個人身寶，但這個人身寶並不能保證我們後世不墮落惡趣，而且也不能得到這個寶的同時就斷除了生老病死，還沒有啊！所以要更想辦法去達到一個把生老病死都去除的狀態，把那種所有的不安全都去掉的狀態，我們才會覺得如釋重負啊！ 1'56"

所以我們想要提升，必須費盡所有的心力才有辦法提升，對吧？我們現在的狀況。但是如果想要墮落的話，只要一瞬間就能夠墮落了。就像爬絕壁，向上爬一點點都很困難，但是你只要一鬆手，就可以跌入萬丈深淵了。所以在今生修學佛法的同時，如果我們遇到的是惡知識或惡友，在他們的帶領下想要墮落實在並不是太困難的一件事情。所以我們目前的現狀，只是讓我們暫時地跳脫了惡趣的痛苦，得到些許的什麼呀？喘息空間啊！就是喘口氣。像在一股急流之中，你突然到了一個急流中的沙地，站在那沙子上喘口氣。但實際上我們目前的現狀危不危險啊？還是很危險的！因為不小心、不努力，就會再次地墮落。3'07"

　　那麼進一步我們還得去探索：是否能夠透過修學佛法的內涵，讓我們脫離業以及煩惱束縛的這種狀態呢？那業以及煩惱束縛的狀態是什麼？就是輪迴呀！那麼到底什麼樣的方式能夠讓我們擺脫生老病死充滿的輪迴世界呢？就是快樂也不能快樂多久就消失了，痛苦是那麼地長，不管得到什麼樣的殊勝的所依身，最終都會被生老病死所摧毀。什麼方式才能夠脫離輪迴？就必須要去思考：輪迴是由什麼因成辦的？這輪迴的苦是有因的，然後去找到那個因。那麼這個因可不可以滅除？如果這個因可以滅除的話，用什麼方式滅除？修道啊！用修道滅除這個苦因，輪迴就滅除了，所以一定要修學戒定慧三學。4'16"

　　那麼當我們開始修行戒定慧三學的時候，有一個部分是與聲聞、緣覺共通的，這也是我們所謂的中士道的調心方式。透過中士道的調心方式，能夠讓小乘的行者──不管是聲聞或者緣覺──獲得阿羅漢的果位，斷除輪迴當中的生老病死種種痛苦。注意！在這裡邊就出現了大、小乘怎麼樣地去擺脫生老病死。4'47"

　　所以我們不應該以現前獲得增上生的果位為滿足，我

106

們應該更進一步地了解到：獲得解脫對我而言才是比較踏
實的、究竟的快樂，所以我們必須要全心全意地以全部的
熱情來修學戒定慧三學的內涵。我們發起修學戒定慧三學
的內涵，就要像你發狂想要賺錢，你發狂想要擁有什麼東
西那樣的一個熱情，因為它們才能斷除生老病死這些痛
苦。5'28"

講次 0201

近隱尊者調伏魔王的公案

　　剛才講到我們想要對這個輪迴斷除的話，就要生起厭離輪迴的心；生起厭離輪迴的心，進而想修學戒定慧三學，就是一個出離心。那想一想：我們二六時中所造作的很多很多的——就只說善業吧，有沒有被出離的這個意樂所攝持呢？還是充滿了八風的擾動？自己可以觀察一下。但是這樣的一個出離，是可以透過這樣的思惟策勵出來的。0'34"

　　所以依著道次第生起了中士道的法類，依著道次第生起戒定慧的功德之後，如果我們能夠再現證無我的內涵，透過現證無我在心中生起見道的功德，並且透過不斷地修學以及串習，最後斷除煩惱障，接著什麼？就獲得解脫了！對不對？但是這是不是最究竟的目標呢？為什麼並不是最究竟的目標呢？這不是最究竟的目標嗎？解脫生老病死。1'10"

　　雖然能夠透過中士道的法類獲得阿羅漢的果位，安住在一個寂靜的狀態之中。請問寂靜的狀態是什麼狀態呢？是完全斷除了煩惱，能夠享受究竟快樂的一種狀態嗎？雖然小乘的阿羅漢們能夠安住在寂靜的狀態當中，但是他們有沒有斷除一切的所斷呢？沒有！如果沒有辦法斷除一切的所斷，就沒有辦法成辦一切的利他。為什麼？因為在所斷當中，簡單地可以分為煩惱障以及所知障。小乘的阿羅漢們雖然能夠斷除煩惱障，但沒有辦法斷除所知障，所以他並沒有辦法了解世間當中的一切所知。所以以自利的角度而言，自利有沒有圓滿？沒有！因為沒有了知一切所知啊！而且所知障沒有全斷啊！在自利沒有圓滿，而又沒有辦法了知一切所知的情況下，能有辦法圓滿利他嗎？也是沒有辦法的！所以我們最初追求寂滅生老病死的痛苦，想要自利達到一個非常圓滿的狀態，也是沒有實現的。2'34"

　　這一點從過去七代付法藏師的公案當中，我們就可以了解到小乘的阿羅漢們雖然能夠利他，但是利他的層面是沒有辦法跟大乘的菩薩相比，跟佛更沒有辦法相比！但是跟我們一般凡夫來比較的話，那已經是天壤之別了！過去佛陀的弟子、七代付法藏師中，有一位大羅漢近隱尊者，也就是優婆毱多，或優婆毱提。尊者成道之後度化眾生，當有一個人獲得了四果，尊者就放一根四吋長的籌木，最後這樣的籌木堆滿了高六丈、長寬各六丈的一間房間。不知道有多少弟子都證了阿羅漢果，是非常了不起的！3'30"

提到了近隱尊者這位阿羅漢的時候，在過去曾經有過這樣一個公案：因為他獲得了阿羅漢道，具足了三明、六通，言辭非常地巧妙，能演說無盡的法要，所以集合眾人想為他們說法。那個時候魔王波旬知道了，開始想要來破壞說法的會場。破壞的方式就是來會場撒錢，一看錢撒下來了，大家就會去撿錢，因此就不聽法。第二天，又集合大眾說法的時候，魔王波旬又想辦法來搗亂了──今天不撒錢，來撒下花鬘擾亂眾生。所以想一想，喜歡花的，如果魔王來撒花的話，是不是就不能專心聽法了？4'35"

第三天，又集合大眾說法的時候，魔王變成一頭紺琉璃色的六牙大象，一個象牙上具有七座浴池，每座池中就會有七朵蓮花，蓮花上有七位玉女，每個玉女都演奏著音樂。然後那頭大象悠遊步行在會場的周圍，引著大家左顧右盼，根本沒有辦法專心聽法。現在已經是連著三天了都沒辦法專心。5'11"

第四天，又集合大眾說法的時候，魔王又變成一個女人，端正美妙，就站在尊者的後面。大眾一看尊者就看到這個女人，都注視著那個女人，忘了聽法。這個時候，尊者就把那個女人變成了白骨，大眾見到了這種狀況才專心聽法，然後有很多人得道。5'44"

這位阿羅漢原本有一條狗，尊者每天都在牠耳邊為牠說法——看來是一條非常非常有福報的狗。那條狗命終之後，就投生在欲界的第六重天——他化自在天，和魔王波旬坐在同一個座位上。魔王就想：這個天人一定是很有德行才能與我同等，他到底是從哪兒投生到此處呢？然後他就開始觀察。經過觀察，哇！才知道他前世是一條狗。然後魔王心想：這個沙門竟然如此地侮辱我！所以這個時候魔王就又想主意了，等到這位阿羅漢入定的時候，他就拿了一頂寶冠戴在尊者頭上。尊者出定後感覺頭頂有寶冠，經過觀察之後知道是魔王所做，就施展了神力把魔王召喚來，然後就對魔王說：「你贈我寶冠，我深表謝意，我現在就以莊嚴的飾品回贈你！」就把一條花鬘戴在了魔王的

頸部！7'11"

　　魔王接受之後就回到天上，回到天上之後發現：哇！所佩戴的莊嚴裝飾變成了一條死狗！大家知道那個死狗是哪來的吧？就是阿羅漢把那個狗的狗屍變成了一個莊嚴的飾品，在魔王來前把它變了，然後就送給魔王了。7'37"

　　魔王剛戴上的時候覺得是莊嚴的飾品，回到天上之後，突然脖子上掛一個狗屍，心中非常地厭惡，他就用盡他所有的神力，想要把這個狗屍拿下來，怎麼也拿不下來！於是只好請求帝釋天幫忙，帝釋天看了看，說：「只有給你的人才能拿下來，這不是我的能力所及的！」然後魔王又趕快去求諸天哪，一個一個天去求，最後一直求到梵天，請求他們幫忙把這個狗屍從脖子上拿下來。可是每一天的天王都同樣地答覆，說：「這不是我的能力所能及的！」8'24"

　　這下魔王就無計可施了，想一想：總不能帶著一個狗屍這樣天天在天上飛來飛去吧！然後覺得還得來求阿羅漢吧！所以魔王最後就來請求尊者，說：「佛陀真的是至德無上、慈心無邊，聲聞卻真的很兇殘！怎麼證明呢？我過去曾經領十八億的魔軍圍攻菩薩，想要敗壞他的道行，但菩薩仍然心懷慈悲，都不記恨我。我今天才稍微觸犯你一下，你就把我為難成這個樣子！」然後尊者就回答他說：「道理確實如此！佛陀高出我百千萬倍，無法比喻，就像須彌山與芥子相比，又像大海與牛跡之水相比，又像獅子王和狐狸相比，他們的大小確實是無法相比的！」9'25"

　　然後尊者就對魔王說：「我出生在末世，不能見到如來。聽說你的神力能變現佛身，現在你試著變現，我想看看。」魔王答道：「我現在化現，但您千萬不要作禮！」尊者說：「我不禮拜。」魔王就化作了佛身——身體一丈六尺，紫磨金色，具足三十二相、八十隨形好，璀璨奪目，超過日月。尊者非常歡喜，便向前禮拜。一拜之下，魔王立刻恢復原形，對尊者說：「剛才您說過不作禮，為何現在又作禮？」尊者說：「我是禮佛，不是頂禮你！」然後魔王請求說：「希望尊者能夠悲憫我，幫我拿下這具狗屍吧！」10'30"

　　大家想想阿羅漢會說什麼呢？尊者說：「你如果發起

慈心保護眾生，這具狗屍就會變成寶飾；如果心懷惡念，就會再度變成狗屍！」大家想一想，從此這個魔王就像戴一個緊箍咒一樣吧！所以，他由於天天害怕他脖子上掛一個狗屍，就一直心懷善念。這就是那位非常了不起的大阿羅漢調伏魔王的故事。11'07"

想一想有一些剛強難調的，好像得用這種辦法調——給他戴個什麼東西，讓他不敢生惡念。不知道以後高科技會不會發明一種東西——一生惡念，然後那個東西就大聲地叫，說：「你生惡念了，你是壞蛋！」如果生善念的話，它就會變成一個很璀璨的裝飾？但是科技永遠都比不上真修實證的功德，所以大家還是好好努力地心懷善念吧！不知道你們聽了之後，會不會也想被戴個什麼東西？還是你們不敢？11'46"

·

線上音檔掃描

講次 0202

具慧者，理從最初即入大乘

　　從前面那個公案中，我們可以知道小乘的阿羅漢能夠行廣大的利生事業，但是由於沒有辦法斷除所知障、沒有辦法了知一切的所知，因此他利眾的程度跟佛是沒有辦法相比的。不要說是小乘的阿羅漢，就連十地的菩薩利益眾生的程度跟佛也都是沒辦法相提並論的。所以在經論當中，時常用大海以及水滴的譬喻來譬喻佛利眾生的程度就像大海一樣，而十地菩薩以下的菩薩，甚至是最後的聲聞、緣覺阿羅漢們，他們利眾的程度就如同水滴般，跟佛是沒有辦法比的。0'54"

　　所以我們必須要了解：如果我們透過人身修學中士道的法，然後獲得了解脫，這到底是不是究竟的解脫呢？這是不究竟、不圓滿的。因為縱使能夠獲得解脫，得到阿羅漢的果位，而實際上到最後我們還是必須要進入大乘的法脈裡邊。如果我們在開始學《廣論》的時候，就了解到這

一點的重要性，那真是一件非常、非常幸運的事情！1'26"

　　我們很多人在修學佛法的時候，可能會覺得三惡趣的苦或者輪迴的苦真的是我們很難接受的、很難忍受的，所以我們要想盡千方百計跳脫惡趣以及輪迴的痛苦，獲得一己的解脫。因為了知了惡趣的苦，而且生生相繼、生命不死，這個相續不可能斷掉，所以就會有三世因果；我們心續裡沒有成熟的那些惡因，會在成熟於惡趣果的時候讓我們墮入惡趣，所以我們所有的力量就用來從惡趣中跳脫出來。從惡趣跳脫出來了，輪迴還有生、老、病、死，實在是令人恐怖！跟親人別離的淚水可能流成了四大海水，捨棄的身體的骨頭可能堆得比須彌山還高，就成這種慘狀！所以想要從惡趣和輪迴裡跳脫出來這個心意非常、非常地堅決！2'32"

　　但是我們有沒有注意到要走大乘這個問題呢？可能看到惡趣的苦和輪迴的苦之後，我們就非常迫切地想要得到一己的解脫，覺得我得到一己的解脫之後，再慢慢地修學大乘法也可以吧？可能很多修行人都想過這個問題。因為有一個非常簡單的想法：「自己都沒有從惡趣裡出來，也

沒有從輪迴裡出來，我拿什麼利眾生？所以我還是先自己
了脫了，然後再利眾生。」大家可以想一想：如果我們想
先自己了脫了再利眾生的話，這個觀念到底對不對呢？
3'19"

　　雖然跳脫輪迴能夠讓我們得到解脫，能夠去除掉苦
苦、壞苦以及種種的痛苦，安住在一種寂靜樂的狀態之
中，但是在這樣的一個狀態之中，想要進入大乘法裡邊是
非常困難的。因為當我們在寂靜樂的時候，在入定這樣一
種安樂的狀態下，如果想要行布施、持戒、忍辱等等的六
度，也是相當困難的。3'50"

　　所以善知識會規勸我們千萬不要有這樣的想法！什麼
樣的想法呢？就是我把惡趣苦都解決了、把輪迴苦都解決
了，然後我再慢慢地去學大乘。那麼為什麼我們不能有這
樣的想法？既然佛菩薩告訴我們說苦是如此地劇烈，我跳
脫了痛苦不是佛菩薩也省心？不用一生一生在六道裡追著
我、度我，我至少可以解決自己的問題！但是佛菩薩好像
不同意這樣的想法──如果我們能聽他們的勸告的話，他
們是不同意的。為什麼呢？因為有更高明的辦法！更高明

的辦法到底是什麼呢？就是如果一開始我們能夠進入大乘門、修學大乘法的話，對我們來說這樣的時間才是比較迅速的。 4'38"

過去很多善知識也都提到：如果有一個人透過修學佛法而證得阿羅漢的果位，並且在之後獲得佛果——注意！先證阿羅漢果，然後他獲得佛果。這段時間多長呢？是相當漫長的！漫長到什麼程度呢？它比一個具有大乘種姓的人在墮入惡趣承受多生多劫的惡趣苦之後，從惡趣的狀態中跳脫，遇到大乘的善知識、修學大乘法來成佛的速度，跟前者相較之下，後者還比較快！前者沒有辦法跟後者相比；前者透過獲得阿羅漢，更進一步地想要獲得佛果，它的時間就漫長到不可思議！ 5'27"

所以我們在學習中士道的法，對於輪迴當中的痛苦生起了一種沒有辦法忍受的這樣一個出離心之後，這個時候我們要更進一步地思惟：就如同我面對輪迴痛苦的當下，不願意去忍受輪迴的痛苦，而生起了想要出離輪迴的這個出離心；相同地，我周遭的如母有情眾生，他們所面臨的苦跟我其實沒有太大的差異，所以對於他人所承受的苦，我的內心當中應該生起悲憫；而對他人所沒有辦法遇到的安樂，我們也必須要生起慈心。在內心中以慈心及悲心作為根本、作為基礎，策發內心當中的菩提心，這也是非常重要的一點。6'23"

關於這一點，過去也有一個公案：有一次文殊菩薩對六十位比丘宣說大乘法，但是這六十位比丘他們並不是具器聽聞大乘法的那種弟子。所以在聽完文殊菩薩對他們講完大乘法之後，結果對大乘法不僅沒有辦法生起信念，反而生起了邪見而毀謗。因為毀謗了佛法、毀謗了大乘法，這六十位比丘在毀謗之後，就吐血然後墮入惡趣。6'58"

這個時候在旁邊的弟子們看到這種場景就非常地緊張，然後去跟佛說：「佛啊！今天文殊菩薩做了這樣的一件事：他講了大乘法，而六十位比丘都墮入惡趣了，這是不是非常非常地可怕？」意思就是說：「佛陀，您要不要去講一講文殊菩薩啊？」這樣去問話的人，可能是覺得文殊菩薩未曾成佛過，他不知道文殊菩薩的心思和佛是一樣的。佛就對弟子們說：「其實文殊菩薩這樣的講法是可以接受的，而且是非常善巧的！如果今天文殊菩薩對這六十

位比丘宣說小乘法，雖然在說法的當下，這六十位比丘可能會獲得阿羅漢的果位，但是這對於將來想要進入大乘法修學或者想要成佛，這時間都太長了！所以文殊菩薩想要縮短他們成佛的時間，就給他們講了大乘法。」7'56"

透過修學中士道的法類之後，更進一步地，我們內心中要生起進入大乘的這種心念。而這種心念最主要的轉折，在於透過思惟中士道的法，讓我們的心對惡趣，尤其對輪迴的苦——注意！生起出離。心生起出離之後，由於我自己不想忍受，我周遭的有情也是不能忍受，也有離苦得樂的權利，像我一樣想要跳脫惡趣、跳脫輪迴；因此就會對有情生起慈悲心，而進一步地透由大乘法策發自己內在的菩提心，就進入到上士道的修法。8'39"

所以在聽聞大乘的修心法要之前，透過三士道的內涵來調整我們本身的動機，這一點是非常非常地重要。雖然我們在此所聞的法是大乘的法，但是聽聞者本身如果沒有調整好自己的動機，如果我們耽著的是現今的安樂，以現世的安樂為主來聽聞的話，即使所聽聞的法是大乘法，但是實際上我們所修學的人本身的條件是沒法跟這樣的大乘

法相應的。所以還沒有聽聞之前，就必須透過三士道的內

涵來調整聽法的動機。9'19"

線上音檔掃描

講次 0203
讓大乘發心成為心之所願

　　雖然善知識們幾乎是每一次聽法都會強調動機的調整，讓我們沿著三士道把動機調整到趣向於菩提心、趣向於佛果這樣的一個方向。但是就算講了很多年，我們在內心中是否引起對這件事的重視？重視和不重視之間的那一道界線到底是什麼？比如調整自己本身的動機，在「皈依發心」偈頌裡面，「諸佛正法賢聖三寶尊，從今直至菩提永皈依，我以所修施等諸資糧，為利有情故願大覺成。」前面的兩句就提到了大乘不共皈依，而後面就提到了大乘的發心。為什麼要提到皈依和發心呢？如果在行善之前，我們本身的動機沒有辦法生起皈依的心念，請問：那我們所造作的善法有沒有辦法成為正法呢？再進一步，如果我們內心沒有辦法生起哪怕是造作的菩提心，朝著這樣的方向，我們所造作的善業不能夠稱之為大乘法或者趣向於大乘法。1'19"

　　因此做任何的善行之前調整動機，生起皈依和發心，就變成是非常非常重要的一件事情。縱然三令五申，在大大小小的開示中，我也聽到師父反覆地策勵，還有我很多的上師們都如是說。但是反觀自己的內心，就在策動自己要發心去求大乘這件事上，我們到底把它看得有多重要呢？1'51"

　　所以對於從現在開始到成佛這樣一個修道進程的計算，我們有沒有特別在意要速疾成佛這個「速」字呢？縱然講了很多次、很多次，好像在內心中也無法生起鮮明的決斷，或者比較強烈的覺受。那麼這種狀態下，就讓這種狀態——好像自己佯裝不知，或者似是而非地懵懂下去，還是要結束內心這種忽明忽暗的狀況？因為現在有幸能夠聽到善知識在大大小小的開示中都這樣提醒我們，在《廣論》幾乎每一處也都提醒我們，一開始就是要「導具善者趣佛地理」，立出這樣的一個目標和宗旨。所以我們能聽到是多麼幸運！因為我們聽到了之後，我們便不會犯那種錯誤去誹謗大乘法，就不會因為誹謗大乘法而墮落。2'56"

　　雖然不會因為去造作謗法罪而墮落惡趣，但是我們是

否能夠聽進去佛菩薩勸我們的、給我們找的最好的路？最快成佛的那條路，就是在一開始的時候就要準備趣入大乘，不是跳離了惡趣、跳離了輪迴，然後再慢慢地學大乘。在三士道裡最初有一個共下士道，開始就發心趣大乘。這種方式如果沒有善知識來教我們的話，我們是不太會重視到發心這個問題的。發心就決定了成佛的路是近還是遠！所以這條信息，到底在我們無量劫生命的這種進程中值多少錢呢？告訴我們這個竅要！3'49"

比如說能把麵包做到世界頂級的，他一定有一些竅門；能把一個銀壺打到世界頂級的，也都是有獨到的方法。但是進趣無上菩提能找到一條最快的路，那一定是成就了無上菩提的人，他知道怎麼走是最快的。但是他走過了之後，回頭告訴我們這些還沒有走完的人，會聽嗎？還是想要自己去闖一闖？但闖一闖會闖到哪裡去呢？4'19"

在動機的這個策發上，大家可以持續地、持續地思考。如果覺得自己的心動轉不靈，那麼不要因為動轉不靈就作罷；正因為動轉不靈，所以要努力地動轉它，因為現在我們還有機會！如果連聽到的機會都沒有了，也沒有閒暇去思考這個問題，那才真的動轉不靈。所以如果我們努力思考的話，趣向大乘也不應該成為我們生命的一個神話，可能就可以像眼睛看到、手可以觸摸到這麼真實！因為它就是在我們心念上操作的、反覆串習的、思考的、觀察的，能夠生起的這樣一個正念。5'09"

所以每每聽到上師們這樣數數地強調發心的時候，內心裡真的是很感恩！不管我們能不能聽進去，還是我們聽了又忘了；做兩天很精進，過幾天有點什麼事情一打擊，想要幫忙別人的心就立刻灰飛煙滅，我們就進進退退、明明暗暗地這樣反覆地折騰。但是善知識都沒有放棄我們，一直在引領著我們，從來不放棄！因為如果放棄我們他就沒有菩提心了；他的心是經過千劫修鍊的，堅固不動的、剎那都不閃的利他心。5'52"

在這樣堅定地趣向於大乘的上師們的引導之下，那我們是否也拿出精誠之心，認真地想一想發心這件事？在這麼多的經典裡上師們反覆強調，是不是我也應該把它擺在我生命的一個頭等大事上，在內心中徹底地做一個決斷：我在做很多很多的善行之前，我是否要發心為利有情願成

佛？至少要有這樣的一個動機去做的。那麼生起這樣的念頭算不算發心呢？不一定算！我們天天發心要修學七重因果、自他換，這樣經過嚴密的道次第修行的菩提心，天天這樣發願，我們一定會去修！因為那就是我心之所願啊！6'41"

所以很希望我自己和大家都能夠聽進去善知識幾乎是永不疲厭的諄諄教誨。如果能聽進去的話，得少走多少彎路啊！但是聽不進去的，非得照著自己想像的那樣，說：「我快點從惡道裡出來、快點從輪迴裡出來，我趕快出來，這苦實在太難忍了！」感覺上是趕快出來馬上到一個清涼的地方很好，可是我們離遍智的果位太過遙遠了！佛陀計算的這種走法會比較好，那我們的小算盤算的就是那樣的比較好，所以還是存在那個問題：求證無上菩提是佛陀懂呢，還是我自己懂呢？是上師們有修行的經驗，知道如何是快路、如何是遠路，還是我自己有呢？那麼當我覺得自己很合理的時候，好像不太了解善知識們說的事情，我也沒有一雙眼睛看到無盡的未來，我不可能看穿八萬大劫、十萬大劫，都不可能！甚至這一生的事都是前面做了，後面就忘了！就在這種慧力的狀態下，如果還不去緊緊地拉著善知識的手、聽善知識的勸導的話，那出路又在哪裡呢？我們那麼自信、相信自己的感覺，依據又是什麼呢？所以這些問題自己要在內心中好好地思考一下。8'08"

當我們得到暇滿人身的時候，就像閃電在烏雲密布中閃耀，非常明亮，但是瞬間就會息滅。如果用這樣的時間，我們能夠望見璀璨的大乘法脈，能夠心生渴仰，用全部的身心去追求的話，這一次的暇滿人身我們是不是非常地值啊？太值了！8'33"

廣海明月

—— 道次第廣論講記淺析
第四卷

此中傳有
二派釋儀

線上音檔掃描

講次 0204

圓滿傳承的重要性

　　我們就從「*此中傳有二派釋儀*」這一段開始聽，大家要專注、斷除散亂。0'13"

> 此中傳有二派釋儀。

　　說解釋的時候它有兩種傳承。他為什麼要講這個？平常在我們一般的概念當中，我們不太了解，也不大注意這個傳承的重要，這一點實際上是非常重要、非常重要。譬如說我們現在來說，我們隨便做任何一樣東西，買東西也好，我們常常說：這個哪來？這個是美國貨，然後這個是福特的、這個是通用的，然後這個是德國

音檔　　舊版 3B 14:44 ～ 16:52
手抄頁／行　舊版 1 冊 P87-LL4 ～ P88-LL3（2015 年版）
　　　　　　舊版 1 冊 P87-LL3 ～ P88-LL3（2016 年版）

貨。譬如說汽車吧，剛才說美國的是福特、通用，德國的是賓士，譬如說日本的什麼，它每一個都有它的來源。實際上這個來源裡面包含了什麼？就是那些工程師，傑出的人才，這樣。世間的所有的東西，都有它這樣的一個圓滿的來源，何況是佛法啊！何況是佛法啊！所以我們曉得學任何東西，假定你沒有這個正確圓滿的來源的話，學不好。佛法亦復如是，佛法亦復如是！所以他一方面教那個內容，一方面要告訴我們說：我這個牌子哪來的？喔，說這個牌子一點都不錯的！1'40"

師父在這一段裡邊很顯然是介紹傳承。在很多年前，沒有學《廣論》之前，我們不了解傳承的重要性，所以師父用特別簡單的例子來告訴我們：傳承的來源都是非常非常地圓滿，來自於非常非常傑出的人。傳承是非常重要的，顯示著傳規、法的清淨，還有它的尊貴。2'11"

我第一次學法聽到「傳承」兩個字的時候，心裡就在這兩個字上想了很久。那時候跟我在一起學法的一些學生，我們還在星空下討論「傳承」是什麼？因為仁波切要傳給我《廣論》的傳承，一些學生還猜測說：「是不是要收你做入室弟子，才傳給你傳承？」在講這件事的時候是個夏天嘛！現在還記得空氣裡有一些花香的味道。然後在講到傳承的時候，雖然所有《廣論》班的同學——那時候都是大學的同學，他們都陷入了沉默；我們一起在星空下沉默，心可能是跑到很悠遠的一種追憶裡。傳承總是一件很美妙的事情，尤其是上師講出來的時候。3'09"

但那個時候對傳承是什麼並不知道，只是非常地嚮往。那麼現在看看，我們學習《菩提道次第廣論》之後，已經得到多少傳承了？大家可以想一想。有的學員已經跟著師父學了三十年了，在三十年中間，從我們沒有聽過什麼叫「傳承」二字一直到現在，我們已經得過多少傳承了？還有，幸運地在師父的僧團裡出家的法師們，傳承就得了多少了？有的時候一個夏季、一個冬天，我們都努力地三個月、兩個月這樣集中時間去學傳承。很多很多珍貴的傳承，都透過師父帶我們學《廣論》，我們會生起希求心想要得到這樣的傳承；也有善知識會悲憫我們這些弟子，傳給我們傳承。想想三十年前師父是一個人告訴我們傳承的重要性，而今已經有這麼多的弟子們都了解傳承的重要性，而且我們得到了特別多的傳承。所以看到這一段的時候，真的特別特別感恩師父能把《廣論》帶給我們。
4'27"

接下來再聽一下師父的開示。4'32"

那麼在宗喀巴大師那時候，這個裡邊它有兩派的傳承，這個兩派的傳承就說明了這個師承。實際上這個師承的內容剛才說的，這個殊勝的教授，都是靠這個傳承下來的。這個是從佛傳下來，經過諸大祖師圓滿的教理、正確的修持，都從這個圓滿的師承這樣地傳遞下來，非常重要、非常重要！這是特別的一點我們應該了解到的。那麼哪兩派啊？下面，一個是那蘭陀寺，一個是止迦摩囉傳的，我們看一看。5'16"

這一小段，師父說：「殊勝的教授，都是靠這個傳承下來。這個是從佛傳下來，經過諸大祖師圓滿的教理、正確的修持，都從這個圓滿的師承這樣地傳遞下來，非常重要、非常重要！」說從佛傳下來的圓滿的教理，還有正確的修持，如果學了這個圓滿的傳承的話，我們所學的教理它就會有完整的系統性，比如說五大論，它會完整地闡述

《釋量論》、《中觀》、《現觀》、《俱舍》，還有《戒論》的內涵，它都是有傳承的。5'59"

　　第二步還要有正確的修持。比如說打坐，打坐的時候到底是不是空空蕩蕩地坐，坐到好像沒有念頭了，就是什麼境界了？還是一定要心裡緣一個善所緣？那麼善所緣千差萬別，緣哪一個善所緣還能一邊修定、一邊累積福報呢？就是緣佛像的善所緣。在〈奢摩他〉的時候還有廣泛的講述。6'25"

線上音檔掃描

講次 0205

師父賜與清淨傳承的深恩

　　我們完整地學了教理之後，探討到實際用功的時候，比如說重不重視集資淨懺，實際上這是基礎的功夫，比如說發心等等，對於每天自己做任何事情的動機的觀照，尤其是對境要歷事練心。師父的這些調伏內心的教授，如果沒有這些傳承，實際上我們學了佛法的教理之後，我們不知道如何在生活中應用；學的教理是一套，然後生活是一套。教理就是指導我們在生活中斷除煩惱，也就是斷除苦因的，可是真正的苦因來的時候，我們不知道什麼是苦因，所以在身心上取捨的時候往往都非常不得力。道理講的是一套一套的，修行根本是不能見人的。0'52"

音檔　　舊版 3B 14:44 ～ 16:52
手抄頁／行　舊版 1 冊 P87-LL4 ～ P88-LL3（2015 年版）
　　　　　舊版 1 冊 P87-LL3 ～ P88-LL3（2016 年版）

如果得到了清淨圓滿的傳承、正確地修持，這個弟子如果很用心地學的話，他一年一年修行的長進，就可以看到煩惱有沒有變輕啊？對三寶的信心有沒有變深？1'08"

觀察自己煩惱，會不會覺得觀察到的越來越多？越多越清晰的時候，可能會產生一種感覺：我煩惱這麼粗猛，好像怎麼斷也斷不完，好像越斷越嚴重。但是正因為我們眼力變強了，就好像在陽光下能看到很多塵埃一樣，這個時候不能說：「哇！陽光下這屋子這麼多塵埃，那好吧！我不再打掃了，就髒著吧！」當我們看到了越來越多的塵埃之後，我們應該奮力打掃。1'34"

所以有真正的善知識帶我們修行，還有沒有跟過善知識自己盲修瞎練的，差別是非常明顯的。有的時候一開口就聽得出來：哎呀！沒有跟老師學過，跟老師學過，大概就不會犯這樣非常非常粗糙的錯誤。那麼你說：「跟老師學的就不會犯錯嗎？」也會，但他至少大體的脈絡是很清楚的，你會發現他這是學過教理的人。2'04"

所以努力地在經論上學很多年，儘管我們都覺得自己好像沒有什麼成就、沒有什麼成果，好像還在那兒跟惡業拉拔，跟妄念還有失念在搏鬥吧！但是畢竟師父把圓滿的傳承帶給我們，我們已經對於三主要道建立了基本的概念——如何是一開始修的、如何是中間修的；初重要、中重要、後重要。很多學《廣論》的同學都知道菩提心是非常非常重要，就不會在修行的時候略過菩提心。略過菩提心後果不堪設想！2'45"

然後也不敢不好好地修皈依，因為任何戒體都建立在皈依之上，如果我們對上師三寶的虔誠日漸損減的話，一定會威脅到所有的戒律。然後也知道抉擇善知識非常重要！一旦抉擇了善知識之後，就要修弟子相，不能觀過，觀過只會損失自己，修信念恩的話只會成就自己。所以很多很多的教理，會在我們心中難以取捨的時候，作為明燈一樣照亮我們的腳下，知道怎麼樣地向前一步、向後一步。3'22"

所以對於我們這些弟子來說，有什麼比得到圓滿的傳承更為珍貴、更為令人萬分感動呢！因為如果沒有這樣一個清淨傳承，就像我們有了煩惱病，得了這個大病之後，我們並不能吃到一個真正的解藥，病是治不好的。可是現在我們已經遇到了這個清淨、真正的解藥。就像師父說的：「圓滿的教理、正確的修持，都從這個圓滿的師承這樣地傳遞下來，非常重要、非常重要！」通常師父在說法的時候，還有在開執事會啊，師父一旦說：「這個非常重要、非常重要！」那個就要銘記在心裡面。如果記不住的話就最好做筆記，然後常常翻一翻。凡是標示出非常重要、非常重要這件事，就是應該不要忘！4'17"

這個非常重要的事，就是殊勝圓滿的教理，還有正確的修持這所有的傳承，就是教正法和證正法清淨的法脈傳承。我們有幸有這麼多清淨的傳承，有這樣一個承載著這個清淨傳承的僧團，還有這麼多的居士們一起學習；跟當年師父隻身求法，帶著一本《廣論》走遍世界的那種狀態，已經完全是天壤之別了。4'48"

想想當年師父的勇氣，師父矢志不移堅持，把我們這些弟子一個一個地從各自的業力裡邊找到廣論班，讓我們能夠定期上課，按照宗大師教法的道次第清淨地聽聞，很老實地學習。光是把三主要道這個點聽清楚了，其實得到了這種正見之後，大家可以想像在我們的成佛之路上我們將節約多少時間？可能不是用幾劫能夠算清楚的。5'22"

所以不要小看自己坐在廣論班裡來聽聞師父解釋《廣論》的這個時間，在我們的心續上不是一刻千金這樣的力量。聽到這麼清淨圓滿的教授，我們少走多少彎路、少受多少苦！而很多苦都要在惡趣裡經歷的。所以有人說：「聽君一席話，勝讀十年書」，這不是勝讀十年書的問題，這是救我們於千生萬劫的深恩！當我們已經得到了很多很多的傳承之後，再回首當年完全不知道傳承是什麼，找到一個什麼馬上就拿來修的那種狀態，想一想我們今天得到的所有的一切，要感恩誰呢？6'08"

講次 0206

堅持每天聽法，警覺內心動向

　　堅持聽法是一件很重要的事情，最好每天都堅持聽，為什麼呢？因為雖然我們已經聽了很多法了，但是聽了之後會不會都記在心裡呢？對境的時候會不會法就現行了？正好是那個煩惱，正好是調伏那個煩惱的法現行了呢？通常對境的時候都現不起來了，為什麼呢？無量劫來串習煩惱的勢力非常地強大，所以對境很難現起正見，大概是初心的修行者比較困難的部分。0'43"

　　我們自己的力道現不起來怎麼辦呢？就是要靠聽法的力量，聽法能直接提起我們的心力。有時候會聽到說：「哇，沒力了！」沒力了，是什麼沒力了呢？是沒力氣造善業了，還是沒力氣造惡業了？或者你會認為善業、惡業都沒力氣造嗎？肯定不是那樣的，因為就看看自己內心什麼業力強。如果我們對治的力量沒有力氣了，那惡業的力量一定是很猛烈的，就隨著那種惡業向前走。1'22"

　　那麼怎麼樣能夠讓我們對境感到心力匱乏的時候、沒有力氣的時候，就透過聽聞得到力量呢？那就先研究我們為什麼會沒力？是被煩惱打擊得沒力嗎？因為對治了千翻百轉，發現還是在老地方折騰，就是那個繫驢樁，一直繫著這個驢也逃不掉，然後有些人就垂頭喪氣坐在地上：「我不幹了！」不幹了，那個惡業還在繼續長的，每一個白天、每一個晚上、每一個剎那，沒有淨化的惡業都是成倍數地長的。豈止是惡業，苦也在成倍數地增長。所以不是我們說不幹了一切就停了，而是苦就在增長。所以這個時候如果說我心裡沒力了，但是還能聽到法，周邊還有善友能夠幫我們提持正念的時候，如果我們放棄，沒有注視到眼前這個大好的機會還是可以讓我們把心力都提起來的話，那真是太可惜了！2'26"

　　所以每日的聽法，就在於能夠警醒自己在二六時中迷茫的點。不可能所有的點都警醒了，但是至少有一些點師父的教授會撞擊到我們的內心，讓我們如夢初醒，會突然腦筋變得非常清晰：發現這個念頭不對，我得要調整它！或者這一段時間我都覺得渾渾噩噩的、狀態不太行，有一天突然在師父的講授裡聽到了一個希望，讓你有心力再站

起來打擊這個煩惱。 3'03"

　　有的時候是可能對治煩惱的方法不是很正確，比如說我們念《二十一度母讚》，修怙主、大威德，念這些本尊修法的時候，我們是否是真的很認真呢？是否很認真呢？如果不認真的話，就變成祈求的時候是不認真的。如果祈求是不認真的，會不會產生很大的力道呢？如果養成習慣，一去祈求佛菩薩就昏沉、打瞌睡，或者散亂、不用心，或者苦苦惱惱在想著自己那點事情，這麼珍貴的時間就在自己的手中溜走了，而且我們會沒有一個力量去對治煩惱。因為單靠自己的力量是打不過無始劫來的煩惱的，一定要靠祈求佛菩薩的力量，覺醒我們內心中那種熱情、虔誠和毅力，就是要在正法上努力！ 4'03"

　　因為不努力，暇滿人身白駒過隙，如果不好好地抓在手裡，像烏雲一般瀰漫的惡業瞬間又把我們吞沒，就進入惡道，我們將沒有機會造善。雖然現在這個時間造善還是覺得困難，但是畢竟有機會造善，我們是有可能贏得勝利的。如果在這個時候還躺著做大夢，覺得時光一大把，自己好像永遠不死的樣子，那麼就會坐失良機。所以這種種的覺醒，都要常常親近善知識、聽聞正法，再獲得自己內心的如理作意，然後我們的現行才能夠如教修行，才能跟得上。所以能天天聽法是非常非常重要、非常非常珍貴的！4'53"

當我們修行遇到困境，比如說心力不濟的時候，要好好供養三寶，積福啊！然後好好祈求。還有念三十五佛、拜懺。像很多大善知識曾經說過：「你睡前有念三十五佛嗎？如果沒念的話，那你登地了嗎？」大德都如是說喔！如果不把當日的惡業懺悔掉的話，即使我們睡著惡業也在增長。當然如果我們好好持戒的話，我們的密乘戒、菩薩戒、五戒，還有很多法師的比丘戒、沙彌戒等等這些戒律，其實它的功德在睡著的時候，如果你沒有去破壞它也在增長，一樣的。那麼就看我們向這個短暫的人身、如此珍貴的人身、可以贏得大利的人身，去矢志不移地追求什麼！5'43"

所以最可怕的就是：我們在這個滾滾紅塵中迷失了方向，迷失了心所要求的那個地方，就是真正快樂的那個方向，宗旨打失了。這個時候一定要聽法，聽佛陀千古的呼

喚，佛菩薩、祖師都是一樣的，覺醒我們的內心——提起正念來，就是勇士！跟煩惱鬥、正念的劍掉落的時候，要立刻把它拿起來，旋即把正念的寶劍拿起來！不可以讓失念的狀態停留太久，因為每一分、每一秒都是惡業在迅猛增長的時刻。惡業在增長就是苦在加劇的時候，等到它成熟的時候是無法忍受的。6'30"

所以當我們說我們沒心力的時候，通常都是沒心力造善，那個惡業的心力可是猛著呢！這一點希望大家能夠留心在自己的身心上觀察一下。能讓自己覺醒就是要聞法，一聽法的時候就會發現：哇！我這個狀態就是……。拿法數數來校對身心的時候，就會發現它的距離，就會發現自己腳下的一步從哪裡開始，一定是從提起正念開始！7'00"

千萬不要覺得：煩惱這麼猛，那我放棄修行好了，因為對治煩惱實在太辛苦了！天天戰鬥、天天戰鬥，晝夜不停地戰鬥。你覺得放下寶劍會很舒服嗎？那除非我們心裡沒有煩惱的敵人圍困我們。真正讓我們痛苦的就是煩惱賊的圍攻，這一個戰役沒有打勝之前，我們怎麼可能安樂？怎麼可能清涼？縱使現世五欲的安樂會暫時迷悶我們的內心，但是那種苦性終歸會暴露出來，會像刺一樣讓我們晝夜難安，因為輪迴的苦性就是那樣的。7'41"

當這個苦性沒有結束的時候，用多少五欲的安樂，似乎是想要麻痺它，然後想要用自己的感覺去證明這個輪迴是快樂的，終究會被事實所摧毀，被輪迴的苦性所摧毀。因為生老病死就那麼真實，愛別離、怨憎會這些苦也是非常非常真實的，這些苦遍滿的地方能有什麼純淨的快樂呢？8'06"

所以在這點上就比較希望大家能夠死盡偷心，老老實實地沿著師父所講述的那樣、沿著佛陀所指出的方向，矢志不移地改變我們生命的這種痛苦，不要遇到困難的時候就退心。遇到困難的時候要考慮：我怎麼樣才能夠提起心力？就是要集資淨懺！師父一直叮嚀我們那幾個字：不是你不能，而是可能資糧不夠。資糧不夠就是供養三寶啊、承事父母啊，好好地誦經、拜懺，這些都是讓我們增長心力的辦法。最可怕的就是什麼都不幹，把劍丟了，還要怨天、怨地、怨人，這種作法是累積惡業最快的方法，也是把自己推落到墮落的懸崖邊最快的辦法，也是自己糟蹋自

己最成功的辦法。8'55"

　　所以最警覺的應該是：要警覺自己內心的動向——它是朝哪裡去的？是朝斷煩惱、向三主要道的方向去的，還是朝著墮落的方向？是朝著親近善知識的方向，還是遠離善知識的方向？是朝著要努力修行正法的方向，還是朝著背棄正法的方向？當我們發現方向不對之後，要立刻調轉！我們的心念不能遲疑，因為下面是萬丈深淵、萬劫不復！9'26"

廣海明月

——道次第廣論講記淺析
第四卷

那蘭陀所傳
詮說正法三條件

線上音檔掃描

講次 0207

聽聞前行：覺醒輪迴苦性，決斷成佛

大家好！又到了我們研討《廣論》的時間。此時此刻，我們或是坐著、或是站著、或者是走著的時候，能否清晰地感覺到光陰的流動？有的人會感覺到時光在一秒一秒地消失，但是很多人會感覺好像是停著一樣，會不會？實際上把我們的生命用電影那樣的鏡頭去快放的話，那個變化就是非常明顯的；如果不去回放的話，就會好像什麼時候都有一種滯留的感覺。0'44"

我們是行進在一個無常的、為苦性所攝的輪迴的現象中，因為宇宙有兩大現象：輪迴的現象和涅槃的現象，輪迴的體性是苦的，涅槃是樂的。那麼我們在輪迴的苦受裡邊，行苦沒有被破壞的時候，一天沒有出去，我們便被這樣的不確定所左右。即使我們能夠禪定多長多長的時間，但那禪定力壞了之後，可能依然會因為往昔的業成熟為什麼地方就去什麼地方。1'25"

我們都覺得什麼事情好像是自己想的、自己決定什麼，但多半對很多凡夫來說，都是隨業流轉。我們今生造就了很好的業，得到了人身、遇到了教法，而且有信仰，能夠遇到師、法、友這樣的順緣。當這樣的順緣來到的時候，就要奮發向上，要徹底地對治自己覺得一切似乎都停滯不動，在這個生死中間還有很多安樂，好像可以享樂，完全沒有看到它的無常、它的苦性，任這個人身就這樣白白地流去，只得到了一些微薄的現世樂，有些人現世樂也是得不到的。2'10"

因為所謂的安樂，在《廣論》裡邊說它是壞苦，就是苦的漸息滅位，實際上沒有一刻苦會停息的，是這樣的一個生命的現狀。我們沒有體會過無苦的快樂，就會把苦的漸息滅位當成是快樂。師父在大大小小的開示裡，都希望我們生起這樣一個決斷，就是不要摻雜痛苦的快樂、要徹底的快樂，就是要成佛——所有的苦和苦因都消除掉，所有的樂都圓滿，沒有一個功德沒有圓備的生命狀態！2'46"

但是多半我們對這樣的生命的狀態很難生起真正的嚮往，我們常常被眼前的因緣阻隔或者障礙，看不到遠方、

看不到前面是什麼。而很多修行者也都會陷溺在自己的一種業力裡邊，也聽不進去善知識的提醒。到底有多少事情，我們能夠聽到佛提醒我們、聽到善知識提醒我們的話，真正做到依教奉行的？仔細盤點一下自己的內心，發現自己還是想要按照自己的想法、按照千劫輪迴那樣的想法。萬一這樣的想法很多是走向惡趣的，那就不可避免地走向惡趣了！3'38"

所以這一生遇到宗大師教法、遇到善知識，實際上是一個我們可以脫離惡趣、脫離輪迴的最美好的時機，當這個時機來到眼前的時候，必須拚命地用全部的注意力抓住。儘管我們還會被輪迴大夢的所謂安樂擊昏了頭，想要在生死中找尋什麼真正的快樂，但是一聽到佛陀的呼喚、一聽到善知識的呼喚，我們要立刻把那個睜不開的眼睛努力地睜，一直昏昧的那個抉擇慧把它清晰。因為在能夠聽到的時候還不努力清醒的話，就會到再也聽不到的地方，或者聽了也完全沒反應。所以這樣的人身對我們來說，是非常珍貴、非常地義大，也是很危險的，因為一旦利用不好這樣的時光，反而造惡業，就成了下輩子墮落的一個因緣。4'34"

　　所以每次在聽法之前，還是希望大家能夠覺醒輪迴苦性的這件事，讓我們的心要有所戒備、有所準備。因為要防備的是我們內心裡的惡業，或者看不到無常的現象、看不到我的生命在輪迴裡是不安定的。用這種不安定的、還有很多惡業沒有淨化的狀態想要去享樂的話，實際上是非常不現實的；應該用所有的力量把惡業淨化掉，那個時候才會有安樂可享。5'09"

線上音檔掃描

講次 0208

那蘭陀寺的清淨傳承

　　在聽法之前，我們還是要再再地策勵自己的動機，要去希求一個所有的痛苦都遠離、所有的快樂都完備那樣的佛果。而且不僅僅是為了自己的利益要得到這個，是為了所有跟我淹沒在輪迴裡的這些如母有情、深恩的有情，為了他們能夠離苦得樂，我們去希求最究竟的佛果，為了這樣的一個目標才來學習《菩提道次第廣論》。0'29"

　　今天我們要聽的是「勝那蘭陀諸智論師」這一小段。0'37"

音檔　　舊版 3B 16:52～19:22
手抄頁／行　舊版 1 冊　P88-LL2～P89-LL2（2015 年版）
　　　　　　舊版 1 冊　P88-LL2～P89-LL2（2016 年版）

勝那蘭陀諸智論師，許由三種清淨門中，詮釋正法。謂軌範語淨，學者相續淨，所說法清淨。

第一個就是那蘭陀寺。那蘭陀寺那是當年印度最了不起的一個地方，修學佛法的。佛涅槃沒多久就開始建立，一直等到公元一千年左右，那個回教勢力入侵的時候，由政治勢力把佛教摧毀為止，始終是執印度佛教牛耳的、最頂端的一個佛法的中心。那個地方的很多這種了不起的菩薩、祖師，他說在解說佛法的時候、造論的時候，要有三個條件。1'43"

這個那蘭陀寺順便提一下，我們中國歷史上有一位了不起的玄奘大師，玄奘大師當年到印度去的時候，學到最好、最精采的就是在那蘭陀寺。那個時候是這樣、以前是這樣、以後也是這樣。為什麼要說那蘭陀寺呢？換句話說，印度的整個佛法的最高的，經過了這麼多了不起的成就的人抉擇以後，剩下來的精華都這個樣的！他們解釋這個經論不是隨便的喲，他要幾個條件，三個，就是三門清淨，三方面都要清淨了。這「清淨」兩個字很重要、很重要！就是說這個清淨的話，這個法本

身絕對正確，沒有一點點問題，假定說的有一點問題的話，我們學的人就出問題了。像吃東西一樣，你稍微弄得不乾淨啊，對不起，細菌乃至於毒，就把你吃死了；佛法也是如此的、佛法也是如此的。世間只是教你受一點小小傷害，佛法的話，你如果說有一點點不乾淨擺在這裡的話，這留下來的是問題重重。3'08"

老學員都知道那蘭陀寺了，新的同學是不是知道那蘭陀寺？那蘭陀寺是非常偉大的一座寺院，在佛涅槃沒多久就開始建立。在《四家合註入門》的時候會再講一下。到公元一千年左右，那個時候被回教的勢力破壞掉了。有那麼多大成就者駐錫過的寺院，現在就只剩下遺址了，所以世事無常啊！當我們遇到教法的時候、遇到善知識的時候，千萬要好好地珍惜！3'47"

接著師父就講了玄奘大師，玄奘大師就在那蘭陀寺學習。接著師父說：那蘭陀寺是整個印度佛法最高的地方，經過了這麼多了不起成就的人抉擇之後，它有三種清淨門詮說正法，它的軌則是這樣的。三個條件，三個條件都著重在「清淨」兩個字上。師父說：清淨很重要，這個法本身要正確、沒有一點點問題。先說了這個法，因為法是治我們的煩惱病的，如果法有問題就好像藥有問題——本來有病，吃了藥，藥本身還不對，那就會病上加病！所以師父說世間的我們會受一點兒小小的傷害，要是佛法的話，有一點不乾淨的在裡邊，留下來的可就不是一點點傷害。所以法的清淨就變得尤為、尤為地重要！因為我們是靠這個成就法身慧命，就像救命的藥一樣，如果救命的藥摻雜了毒藥的話，那是不可想像的！5'06"

在很多年前我們還不知道傳承是什麼，也不知道講說正法還有這樣的規矩，也完全不了解這樣的規矩居然是從那蘭陀寺傳來的。那麼那蘭陀寺是什麼樣呢？我們知道玄奘大師是很了不起的，去那兒求法。有多少成就者在那裡呢？不知道多少學佛的同學會想去了解？那是許多許多的成就者和智者抉擇下來的這個軌則，它的傳承是極為清淨的，從那個時候傳下來的。5'42"

那你們現在會不會有一個問題：「最後那個寺院被回教的勢力給破壞了嗎？那傳承還在嗎？」還在呀！會挪到其他的地方。比如說佛法在這個地方鼎盛，過一段時間又

在那個地方鼎盛，到現在傳承未斷，就是我們最最感激涕零的一件事吧！雖然寺院是被破壞了，但是傳承是沒被破壞的，軌則就留到現在。現在我們聽的就是那個時候傳承下來的，淵源是從那兒開始的。想一想喔！佛法不可思議的這種力量，居然可以從那麼遠的時光傳到現在；幾經波折，它依然可以清晰地傳到你我的面前，就是此時此刻！此時此刻我們就在聽著這樣的傳承！6'41"

　　所以師父常常慨嘆說：「不要把經典當容易看哪！」它是很多的譯師嘔心瀝血，還有很多祖師大德不惜身命把法留下來的。所以想一想，傳承延續到現在是一件不容易的事情！我們能對傳承恭敬、珍惜的方式，就是當它來到我眼前的時候，我是否能夠拿出對等的——哪怕只有能夠跟這個傳承的重量對等——那樣殷重的、恭敬的、萬分珍惜的心？生怕漏掉一個字，全部注意力在聽，這可能才是對所有的傳承祖師的一點點報答吧！7'33"

講次 0209

從「軌範語淨」談幫人應有的心態

接著我們來聽第二段。0'03"

　　那麼哪三樣東西啊？他說第一個，老師——軌範語淨。這個裡邊包含了兩樣東西：第一個就是「軌範」，就是尊長，譬如我們說軌範師、親教師，換句話說解釋說法的這個尊長，他自己本身清淨；還要他所講的清淨。為什麼要分兩方面來說？難道說這個人清淨了以後，他講的還不清淨嗎？對！為什麼？當然，他如果本人自己沒有修持的話，那講出來一定不清淨，可是自己有了修持以後，他那個清淨還有問題，這個就解釋一下。0'53"

音檔　　舊版 3B 19:22 ～ 21:31
手抄頁／行　舊版 1 冊 P89-LL1 ～ P90-LL3（2015 年版）
　　　　　　舊版 1 冊 P89-LL1 ～ P90-LL2（2016 年版）

　　平常我們也曉得的，說自己沒有解決問題，幫忙別人解決是不可能的，那麼自己要解決了，那個算是清淨了。這個清淨需要兩個條件，第一個，教理上面要有圓滿的認識，然後這個教理還有驗證上面的、確定不疑的悟證的境界。他雖然有了這個，可是因為說的時候，也許他平常一般地說，也許對機不相應。譬如說：我們現在拿世間來說吧！哦！現在有一個大學者，我們請他來給我們演講。那麼這個大學者來演講有兩種可能，有一種可能呢，就是把他自己學的圓滿的內容告訴我們；還有一種，也許他所對著機，說今天有一個地方，一些小朋友啊大家也仰望這個大學者，所以為了使得那些小朋友心目當中有一個仰望起見，請他來去講。請問那個大學者能跟些小朋友講說圓滿的道理嗎？不行！所以這個裡邊是兩樣東西都圓滿，這是「軌範語淨」。2'16"

　　問大家一個問題，師父說：「那麼哪三樣東西？」是指哪三樣東西？可以看一下《廣論》，重心是什麼？清淨，對吧？第一個是「軌範語淨」，這裡邊包含了什麼？說：尊長他本身清淨、所講的清淨。這時候就會有一個問題，說：「欸，尊長他自己本身很清淨，講的還不清淨嗎？」師父在下面就做了一個解釋。2'50"

那我再問大家一個問題，師父說：「平常我們也曉得的」，曉得什麼呀？「說自己沒有解決問題，幫忙別人解決是不可能的」，這個平常我們曉得嗎？曉得。接下來說：「那麼自己要解決了，那個算是清淨了。這個清淨需要兩個條件」，我們先在這兒稍事停一下。3'17"

先看第一個，「說自己沒有解決問題，幫忙別人解決是不可能的。」想想我們在跟別人討論問題的時候，有幾種狀況呢？有一種狀況就是：我們會覺得我看這個問題看得是非常清楚的，你為什麼就是不明白呢？所以會覺得：我自己是沒有問題的，我也是可以幫你解決問題的，只是你不接受罷了！對不對？還有的是自己陷入到一種情緒的障礙裡邊，覺得自己是很清楚的，但是那時候可能是苦受滿清楚的——應該是自己覺得理路很清楚，但是如果那個情緒的感覺過去了之後，再把自己的理路重新地聽一下，應該多半會慚愧吧！說：「那時候在情緒中的時候，我講的到底是什麼？」所以，這裡邊說：平常我們都曉得自己沒有解決問題，幫忙別人解決問題是不可能的。其實這問

題是很嚴重的問題，像洪鐘一般！4'20"

　　我自己看了這句話的時候——通常看師父講的，我偶爾會停下來思考。如果自己沒有解決問題，還想要幫忙別人的人要怎麼辦呢？就是抱著學習的態度——不是去幫人的，可能是請別人幫自己的。所以所有帶班的班長，還有很多覺得自己還沒有什麼能力，但是就莫名其妙地被推上帶人的這樣一個位置，這個時候會特別清楚自己遇到事情、對境的時候，自己心裡寂不寂靜、能不能提起正念，那種感覺自己觀察一下就了了分明的。在這種狀態下是什麼都不負責任，還是負責任之後有一點點自知之明，知道這些所有的境界實際上都是大家成就我修行的，然後抱著一個謙卑的心態承事大眾，用這樣一個心態？而不是說：我能解決所有的問題，如果你不聽我的話那就是你的錯。這個問題就討論到這裡，一點點觀察自己。5'27"

線上音檔掃描

講次 0210

依靠師承，方能驗證悟境真偽

很顯然，這裡邊說這個解決問題，不是那種淺淺的狀態，它是一個深度解決。深度解決是什麼？「教理上要有圓滿的認識」，一定是對三藏做過系統聞思、得到過圓滿的清淨正見。然後在教理還要進一步驗證，他有實修功夫，是確定不疑的悟證境界。在教理上，有悟證境界就可以了，師父在悟證的境界前面加了「確定不疑」——他對教理領悟的這些一定是要有師承的，就是他的善知識許他這個是沒有問題的悟境。0'41"

當一個人跟師父報告體會的時候，師父就說：「哎，這是獻寶的。」就是說這個是沒有什麼實際的功夫，自己覺得好像很好，但是師父可能會覺得這是一種自我滿足的

音檔　　舊版 3B 19:22 ～ 21:31
手抄頁／行　舊版 1 冊　P89-LL1 ～ P90-LL3（2015 年版）
　　　　　　舊版 1 冊　P89-LL1 ～ P90-LL2（2016 年版）

狀態。還有的時候，是自己覺得非常非常不好、非常痛苦，但是師父會認為這是一個如法的心態。我們不能說那一點點東西好像就是悟證，但是當一個人在拿著法鏡數數觀照三業的時候，一定會看到很多問題。看到很多問題難免會覺得：「這我能解決問題嗎？」有的時候就會覺得非常害怕自己的心，害怕面對自己。1'25"

比如說有一天一個人突然開始覺得：「我對佛陀的信心到底是真的還是假的？我能夠信多深？對業果見我能信多深？對我所依止的善知識要授其鼻肉，還要加上抉擇慧——他講如法的要聽、不如法的要委婉地說，不能失去恭敬……。」在這中間的拿捏，尤其是當自己的業習氣來了，全部都聽自己的，善知識的教誨就放在後面，從來都只做參考；不是善知識的語教是我們的明燈，而是自己的感覺就是方向。隨著很多東西混為一談的時候，我們能否在每一個抉擇的當下，令自己的心稍稍安靜一下，考慮一下：我現在的所行、所想是否會符順於律儀？2'21"

其實律儀是非常清楚的。師父有大小的事情，其實在我們看起來，師父解決那些事情實在是信手拈來的事情。

但是師父每次都要去佛堂非常認真地頂禮佛菩薩，非常虔誠地祈求佛菩薩的加持，再三地、再三地祈求佛菩薩的加持。2'49"

所以「確定不疑」，那些疑惑要怎麼斷除？一定要跟善知識反覆確定。不能自己想一齣就是一齣——自己今天覺得見到本尊了！欸，這好像是什麼什麼悟境。然後明天有的人就會想一點事情就突然覺得自己好像證空性了！其實可能是什麼還不知道，連空性的正見也沒有獲得，離證悟不知道差多遠呢！所以不學教理、不跟著善知識，就會真的不知道自己在什麼地方。就像在山裡邊迷路一樣，以為都到什麼地方了，其實可能還在原地打轉。所以在師父講法的時候，不要輕易地就放過他講的那幾句話。3'36"

還有像有的修行人，有的時候就會給自己下一個定義說：「我不行啊！我不能修行了！總結一下這幾年我也沒有什麼進展。」就給自己貼個標籤，馬上下個定義，好像把自己無量劫來的善根都看到了一樣，好像看穿了自己八萬大劫的善，就確定自己是不能修行了，然後就朝著不能修行的方向去打算。實際上這都是自己給自己設的誤區，

自己給自己設的障眼法。其實就是一段迷霧，過了迷霧之後我們依然會行進在這個菩提路上。這一生不好好地努力，其實惡業也不會饒過我們的，那些惡業成熟的時間會更長。 4'20"

所以很多時候，如果我們能夠想想師父的教誡，按照師父的教誡那樣去抉擇自己的心的話，真的會少走很多彎路！對自己所想的東西到底是不是這樣的，儘管自己想了千百回覺得就這一條路，但是很多時候跟善知識談一下，結果就不是這樣的。但是那個時候到底是執著自己的見解，還是能把自己的見解拿掉、去聽善知識的呢？那就看自己的信心有多強，對不對？ 4'52"

所以跟師父學習的時候，常常會覺得：哇！自己好像把這個問題已經想完了，到師父那兒問了一個問題之後，發現好像全都不對！拿了一籃子收穫給師父的時候，師父認為：「這不是收穫！這什麼都不是！」那一籃子東西還要好好地珍惜著嗎？能不能順手把它丟掉呢？然後再準備一個新的籃子接受師父給的東西。有的人去了之後拎那些，回來之後還拎這些，因為對師父講的東西應該是一點兒也沒接受，心的瓶子是扣著的。為什麼呢？一切都歸自己作主吧！所以就像祖師呵責的那樣：「無量劫來生死本，癡人認作本來人。」我們沒法把佛陀的言教、上師的言教當作是指路的明燈。要朝著那個方向去，而不是朝著自己所謂的某種方向。5'51"

線上音檔掃描

講次 0211

說法一定要對機

剛才講到「確定不疑的悟境」要得到善知識的確認，我們現在所感受到的、所確認到的，到底是清淨的還是不對的？但是有的時候，我們會覺得有百分之百的理由要沿著自己那樣的思路走，但是善知識有百分之百的理由告訴你說此路不通！這個時候要怎麼辦呢？比如說，我們就是活在自己思路的一個範圍之中，現在有一個詞好像叫「舒適區」，對吧？自己習慣的、不是那麼挑戰的，覺得這樣可能還不錯。但這樣的區域是沒法令自己成長的，老活在自己舒適的感覺裡沒法成長，必須去挑戰你害怕的。0'58"

所以由這個「確定不疑」講了這一點，供大家參考。因為我們都是希望能夠在依止法上好好修心的人，所以不

音檔　　舊版 3B 19:22～21:31

手抄頁／行　舊版 1 冊　P89-LL1～P90-LL3（2015 年版）

舊版 1 冊　P89-LL1～P90-LL2（2016 年版）

要放過師父講的哪怕幾個字、幾句話，要常常放在心裡想！1'15"

所以，在談到「清淨」的這個問題上，師父說：「平常我們也曉得的，自己沒有解決問題，幫別人解決是不可能的，那麼自己解決了，那個算是清淨了。」那就是了嗎？還要有兩個條件，是哪兩個條件呢？「教理上面要有圓滿的認識，然後驗證上還有確定不疑的悟證的境界。」有了這個就可以了嗎？雖然有了這個，可是在說法的時候，也還有對機的問題。接著就舉個例子，大家還記得師父舉的例子嗎？一個大學者，學識非常地淵博，如果來幼兒園看看大家，比如說我們妙慧童子園，那大學者會給我們講什麼呢？如果完全講他的論文，或者說他很深的造詣的最高境界，小孩是完全不知道的。2'15"

就像我以前還是學生的時候，去聽過一個橋梁專家的分享。他建過很多很多橋，但是他沒有給我們講建橋要經過怎麼樣怎麼樣的程序、設計圖，他只是給我們講：「哎呀，現在的人真是鋪張浪費呀！一個屋子建得好好的，然後賣給另一個屋主，那個屋主一進來，把原有的屋主建的

東西全部都砸了！然後他自己重新裝潢一遍。」他說他住那個單元，非常不巧，樓上賣了新的、樓下賣了新的，然後左邊又賣了，乒乒乓乓，每天都在敲東西，走廊裡全部都是麻袋！他說：「一走出來就不高興，因為走廊裡全部是麻袋，而且有灰塵。現代人活得實在是太過奢侈了，不惜福啊！」他說：「我們小的時候，那個地板鋪得那麼好，有一條木板都得拿回去好好地珍惜著、想用它幹個什麼；這地板鋪得好好的，嘩啦嘩啦就全部都拆了！直接變成垃圾了。」他說他真的有點跟不上這個時代了。他當時給我們講的是這個，沒有講橋梁。3'28"

我們回來說：我們為什麼去見橋梁教授呢？就想聽一些關於橋的知識，因為我們對橋完全都不了解——怎麼建大橋啊？哪座橋怎麼輝煌啊？它是怎麼建的？比如說我們就特別好奇那個橋墩要紮在那麼深的水裡邊，最初要什麼機器才能鑽那麼深，在那個淤泥中要把橋墩立住。橋梁教授完全沒有告訴我們，只告訴我們不要浪費！3'56"

所以大家回去就有點失望，在討論心得的時候，我們都不太講話。後來說：「不是師父教我們觀功念恩嗎？我們好像現在都在觀察過失，說橋梁教授沒有教給我們建橋的知識。」然後有的同學就說：「你掌握了建橋的知識又有什麼呢？還不是出去誇海口說：『我見到了某個橋梁教授，我知道哪個橋、哪個橋他建的，經歷了什麼故事……。』一個年輕人學會節約、學會簡樸、學會老一輩的這種傳統，會不會是我們更需要的？」那時候我們的心就靜下來，覺得我們這次去聽那個橋梁教授的分享，他確實是為我們考慮給我們講的，可能是想要建設我們心中精神的大橋吧！通向物質簡樸、精神極度豐美的一座大橋。後來我們就覺得那個教授有點深不可測了！所以師父這裡講對機的時候，我想起了以前的那件事。5'01"

那麼對於一個善知識來說，師父在這裡邊說：教理上有印證、悟境上有，然後說法一定要對機。大家可以看看：對「軌範語淨」，如何說法這件事的傳承還是非常嚴格的！5'19"

廣海明月

——道次第廣論講記淺析
第四卷

學者相續淨、
所說法清淨

線上音檔掃描

講次 0212

有相應的學者，圓滿教法方能流傳

　　在今天的研討開始之前，大家還是要皈依發心，用皈依發心的偈子，讓我們所聽聞《廣論》的這個善行成為聽聞正法的資糧。因為有了皈依之後，如果用一個希求於遍智佛果的發心的動機來聽，它將會成為大乘的資糧。所以要非常非常習慣去串習，每一次聞法或者每一次做善行，甚至每一天起來之後，要有一個大乘的動機活過這一天。

0'40"

音檔　　舊版 3B 21:31 ～ 22:59
手抄頁／行　舊版 1 冊　P90-LL2 ～ P91-L7（2015 年版）
　　　　　舊版 1 冊　P90-LL1 ～ P91-L9（2016 年版）

上一節課我們學到：0'45"

此中總攝一切佛語扼要，遍攝龍猛無著二大車之道軌。往趣一切種智地位勝士法範，三種士夫，一切行持所有次第無所缺少。依菩提道次第門中，導具善者趣佛地理，是謂此中所詮諸法。1'02"

接著，

此中傳有二派釋儀，勝那蘭陀諸智論師，許由三種清淨門中，詮釋正法。謂軌範語淨，學者相續淨，所說法清淨。後時止迦摩囉室囉，聖教盛行。1'23"

那麼現在我們就可以聽師父在舊版《廣論》帶裡講的「學者相續淨」這一部分。1'35"

那麼還有「學者相續淨」。所有的一切法流傳在世間，不僅僅說有老師就行，還要一定有學的人，這個很明白。不但是菩薩、祖師，我們佛也是一樣，佛出世的時候，那個時候同時那個弟子也來。因為一定有這樣想

學的人，所以應這樣的機，然後說這樣圓滿的教法。那個時候如果沒有這樣相應的機的話，他雖然他自己有正確的內容，但是他不一定有機會說出來。就是佛本身就是如此！他不是說得很清楚嗎？我所了解的法啊就像大地土，但是我說的法如爪上土。所以通常啊，都是有一個因緣，那個時候佛才說呀！所以，如果說一個法流傳的話，除了老師這個條件以外，學者這個條件也是相當重要的。就像剛才那個故事也是一樣，這個大學者跑得來，跑到幼稚園，跑到小孩子那裡去，對不起！學者的相續不淨，他就沒辦法把圓滿的教法拿給我們。3'06"

在這一段，師父說：「所有的一切法流傳在世間，不僅僅說有老師就行，還要一定有學的人。」說：不但是菩薩、祖師，我們佛也是一樣，佛出世的時候，那個時候很多大弟子就跟著來了。一定會有想學的人，就應這樣的機，說這樣圓滿的教法。3'35"

這一段每次看到，還是很感慨的，就會感謝那些千千萬萬跟著佛菩薩一起學習的佛弟子們，還有傳承祖師的弟子們。因為如果沒有他們跟著佛菩薩學習的話，我們現在也聽不到這樣的法。我們也看到很多論，都是有哪個大弟子、哪個大弟子請上師說，然後他上師就開始寫那部論，所以學的人是很重要的。 4'15"

　　師父接著說：「如果沒有這樣相應的機的話，他雖然他自己有正確的內容，但是他不一定有機會說出來。就是佛本身就是如此！」舉了佛陀說他了解的法就像大地土一樣，但是他所說的法就像爪上的土。 4'34"

　　這一點，在跟師父學習的時候也有發現。師父天天誦《般若經》，師父實際上他自己非常非常喜歡學空性，或者跟別人討論空性。但是因為我們剛剛開始學《菩提道次第廣論》，師父就示現沒有給我們講〈毗缽舍那〉，其實師父自己一提到空性的部分是非常非常歡喜的。 5'02"

　　那個時候，比如說三十年之前，或者二十年之前，如果把〈毗缽舍那〉講給我們的話，我們可能不知道在說什麼。像現在學了五大論之後，才知道四部宗義、分多少種見解；然後層層遞進，所破是什麼、自己的立宗又是什麼、修行空性的次第又是什麼。也可以清楚地感覺到，實

際上沒有前面的道次第，比如說業果見不堅固，怎麼去聽聞空性呢？如果連親近善知識的軌理也不知道，那麼我們也沒法跟一個善知識聽空性，沒法親近大乘善友。5'48"

所以想一想，第一批來跟師父聽法的那些居士們，真的是很感恩他們！因為如果最初沒有他們跟隨在師父身邊聽的話，可能也就沒有現在這個僧團，也沒有你我現在還在學習著這麼清淨圓滿的教法。所以真的要頂禮那些從一開始就跟隨在師父身邊學習《廣論》的出家人、居士們。6'20"

在跟師父學習的時候，也會發現師父就在一件事上可以揭示出三士道的內涵，甚至可以再往上去講，都是像行雲流水一般。但是為什麼有的時候師父就某一個點去講了呢？因為再講深了大家是聽不懂的，還有的時候是沒有什麼希求心的。比如說我們學的人，當我們去見善知識的時候，都有一個自己想問的問題，都有自己想要的一個事情。有的時候師父講的問題，就跟我們想要的完全是不一樣的！那時候可不可以倒空自己的杯子，認真地去領受師父的加持呢？其實很多時候我們比較在意自己想要的是什麼，所以「學者相續淨」這件事也是一件不太容易的事情。7'07"

什麼叫「學者相續淨」？為什麼那蘭陀寺的諸大智者們把學者相續淨擺在傳承教法這麼重要的一個位置、作為這麼重要的一件事？傳承的規矩就是這樣。我們看一看自己的所求，每天看自己最想要得到什麼，大概就可以知道。這也是對於弟子們的一種要求，《廣論》後面也會講更詳細的。7'37"

很感謝跟佛陀學的、跟大善知識學的那些弟子們，如果沒有他們拚命地努力學的話，我們豈能聽到這麼圓滿的教法呢？那時候一定是呈現圓滿的機，所以這個圓滿的教法才會流傳下來。頂禮諸大善知識，還有他們的弟子們！有了他們，教法才能傳到現在，傳到你我的耳邊，傳到你我的眼前，傳到你我的心中！8'08"

線上音檔掃描

講次 0213

淨自相續，體會佛菩薩萬千示現的功德

接下來我們再聽師父講的那個譬喻。

這裡我也可以用一個比喻來說一下，所謂比喻是個故事。相傳我們中國歷史上兩位名人：寒山、拾得，以及豐干禪師。他們三位，一個是阿彌陀佛，一個是文殊菩薩，一個是普賢菩薩。結果寒山、拾得兩位大士所現的是什麼？唉！一個破和尚，窮叫化一個，什麼都不認識的。他為什麼這樣現呢？就是那個時候現出來的相是禪宗傳的時候。禪宗的特質是什麼？要主要的見到那個本來面目，換句話說，空性。它掃一切法的，實際理地是一塵不染。所以他自己現這個相，就是什麼？窮得身無立錐之地啊！所以通常我們那個叫化子，窮得連他站

音檔　　舊版 3B 22:59～24:23
手抄頁／行　舊版 1 冊 P91-L8～P92-L1（2015 年版）
　　　　　舊版 1 冊 P91-L10～P92-L3（2016 年版）

的地方像一個錐子那麼一點點都沒有，就這樣，他所現那個相。他所以現那個相，是跟那學者相應的，這我們要了解。所以如果這個地方教法盛傳的時候，除了這個老師以外，這個學者還要有這樣的條件。1'32"

這一段師父是在講「學者相續淨」。就是說我們學的人如果沒有這樣一個資糧、這樣一個根機的話，實際上善知識很多法也是講不出來的。講到這裡，按著我們的思路，好像應該講一個很相應的弟子的故事，比如說種敦巴大師怎麼樣去請阿底峽尊者。但是在三十多年前，師父從老師的角度講，比如說那時候禪宗傳得比較鼎盛的時候，阿彌陀佛、文殊菩薩和普賢菩薩，示現成了——師父說一個和尚窮得沒有立錐之地，這樣的一個善知識的行相。為什麼呢？因為那時候在學空性啊，實際理地要一塵不染，所以就現這個相——窮得沒有立錐之地。現這個相是為什麼？就是跟那個時候學的人相應的。2'36"

每次看到這種公案都有點膽顫心驚，不知道你們是怎麼想的？因為我們常常就是會把別人當凡夫，這種心思是很普遍的，好像覺得別人沒有什麼了不起的。但是萬一碰

到這種佛菩薩示現的，就像普普通通的很多人，甚至表現出他受教育的程度還沒有你高的時候，你很難想像他有什麼高深的證悟。當這樣的一個善知識來到我面前的時候，現在想一下：窮得沒有立錐之地的這樣一個出家人站在我面前的時候，我們是否能夠現起那樣的敬意、恭敬心啊？但是為什麼那個時候這樣的老師出現，那樣的有情會現起敬意呢？會生起信心呢？大家可以想一想。3'32"

還有的時候，有的人比較相應神通，當你表現點神通的時候，他就覺得是很了不起的，但是很多大德是很不贊成這種說法的。因為他們認為神通是「聖末邊事」，真正的是要建立正知見；大家要學會持戒、建立業果見，免去惡趣的痛苦，然後建立無自性、一塵不染的空性見，想法去解決輪迴的痛苦，因為這兩大苦嘛！佛法終究是建立在一個令自他解脫痛苦，達到最完美快樂的這樣一個目標。4'15"

所以不是要顯得自己多偉大、多了不起，要在別人面前高出一人，都不是這個目標！就是為了非常踏實的離苦得樂這樣的目標。是離什麼樣的苦呢？所有的苦。得什麼樣的樂呢？最圓滿、最圓滿的快樂，完全沒有一絲絲痛苦染雜的快樂。不像我們現在感受的快樂只是壞苦，就是一個苦的漸息滅位，它是有對比性的，跟可能最苦的狀態比起來這是快樂的。但那種快樂完全是沒有可比性的，如果它是一棵樹的話，從樹根到樹幹、到枝葉、花果，全部都是快樂的。 4'57"

　　師父也會常常講他生命裡遇到的那些很神奇的人，我們在旁邊聽的，有的時候是很害怕的！因為貌似凡夫的一個人，他可能是佛菩薩示現的。所以學了這一段之後，我在想師父舉了這樣一個譬喻，在提醒我們什麼呢？佛菩薩有萬千的示現哪！就像觀世音菩薩他所化現的也是「當以何身得度者，即現何身而為說法」，都是根據我們弟子的根機這樣示現的。所以我們內心裡對一切境都不要抱持著輕蔑的心，尤其是對殊勝境，要好好地虔誠求法，把我們學者的相續──就是我們的心續，從動機到加行、到結行要努力地清淨。真的就是只為正法而親近善知識，只為法來。這樣我們才能慢慢地、慢慢地從善知識示現的一點點、一點點，看到他還沒有示現出來的那些不可思議的、不可勝數的功德，還有那些證悟力。 6'23"

　　比如說大家都知道師父倡導有機，在二十多年前，有機沒有現在那麼普遍，而且做有機的人多半血本無歸，是非常艱難的一件事情。一位出家人這麼關心土地的農藥問題，關心河流、土壤，還有大家吃到嘴裡的是什麼；乃至在地上匆匆爬過的小蟲，牠爬過的土是不是傷害了牠？還有空中的飛鳥、水裡的游魚。師父就用一個有機的概念，去饒益這些墮落在三惡道的有情，想要照顧牠們。而且也不是他一個人發心照顧就可以了，還努力地帶領我們這麼多人一起發心；不是為了自己今天吃一個無農藥的東西然後來種有機，而是為了修慈悲心、不要去傷害有情、不要去破壞環境。因為環境一破壞了之後，人也走投無路了，人也沒有地方待了！所以現在看看二十年之後有機這麼普遍，有很多人種有機，種著、種著就來學《廣論》了！
7'37"

　　有誰想到一個大德、一個高僧要這樣示現，去研究怎麼種菜種得大家吃得很好，然後因為這個原因還讓大家學到了清淨圓滿的《菩提道次第廣論》這樣完美的傳承！還有師父辦學校，很多很多的示現，不都是應我們現在這個時代的需要、應我們這些弟子的需求，然後他來引導我們要怎麼做。所以對我們來說，我們就要用最清淨的發心跟師父一直學下去，才不會辜負大善知識為了教導我們所示現出來的種種利生事業。8'21"

線上音檔掃描

講次 0214

所說法清淨——圓滿的教法最應機

接下來我們要聽「所說法清淨」這一段。在聽聞之前，大家要端正自己的發心，用皈依發心那個偈子提起自己的動機也可以，或者用《廣論》前面那一段提也是可以的。哪怕只有半小時或者四十分，我們都要為了利益無窮無盡的有情去希求佛果；為了證得那樣遍智的果位，我要知道證得那樣遍智果位的因是什麼；那麼要了知那樣的因就必須聽法。所以我們現在在一起研討《菩提道次第廣論》，實際上是為了一個徹底地、究竟地令自他都離苦得樂的目標，所以這一刻對我們的生命來說是非常莊嚴的。請大家能夠認真地聽！1'00"

音檔　　舊版 3B 24:23 ～ 25:34
手抄頁／行　舊版 1 冊　P92-L2 ～ P92-LL5（2015 年版）
　　　　　舊版 1 冊　P92-L4 ～ P92-LL3（2016 年版）

　　然後有了這個條件以後，第三個，所說的法要清淨。為什麼法要清淨呢？這個法也說，應機是一種。還有一種呢？它那個法當中有一種應機應小的，有一種應大的；有一種性宗、有一種相宗；儘管它是大的，應它的局部的。我現在拿佛經來說個比喻。佛經說了這麼多三藏十二部，譬如說《金剛經》，它也是說：啊！這個最上乘、最上乘；《楞嚴經》，通常我們說這種都是好得不得了，為什麼它不是圓教呢？因為它就是針對著這一類根性的，是！這是大乘，可是他大乘是大乘啊，對不起，小乘的漏掉了。然後那對這個人天五乘的人又不相應。如果說性宗的話，相宗又不相應；相宗的，那性宗的又不相應，這就不圓滿了。所以啊第三個，這個圓滿的內容，還要有它特殊的內容，它三樣東西有它特別的條件。噢！那個是那蘭陀寺。2'15"

　　在這裡邊師父說：「所說的法要清淨。」接下來提出一個問題說：「為什麼法要清淨呢？」就列舉了要「應機」：有應機小的，有應機大的；有性宗、有相宗；在大乘中，還說有的儘管它是大的，它是局部的。在佛經中三藏十二部──浩如煙海的佛經，比如說《金剛經》，說是

「最上乘」；那麼《楞嚴經》也都是「好得不得了」。但師父說：「為什麼它不是圓教呢？因為它就是針對著這一類根性的。」2'57"

比如說很多很多人都相應念《金剛經》，但是念了《金剛經》之後到底能不能懂《金剛經》？自己覺得懂了嗎？我問過很多誦《金剛經》的人，有的人覺得懂了，可能也有待參考，但大多數的人都覺得是沒懂的。沿著《菩提道次第廣論》的次第來說，它是在發菩提心後面才學毗缽舍那，所以一定是大乘發心之後再去取證空性的果位——登地。3'33"

如果有個老師去教的話，可能會把那其中隱在的意思就講給我們，我們自己看的時候是看不出那條隱在的線的。所以師父在這裡面提出了「應機」。應機，就是像一個小朋友就要吃兒童餐；病人要吃比如說不要太油的、不要太辣的、對他的養病很好的；什麼階段的人都要根據什麼階段吃那樣的飯。所以這就是一種佛菩薩還有我們的善知識為我們調製的法味。「所說法清淨」就包括了應機。4'14"

　　在應機這裡邊師父又提出了：雖然說有的是小乘的、有的是大乘的；在大乘裡有的也是講大乘局部的，那麼還是沒有圓滿。要是有圓滿的內容，還有它特殊的內容。我也在想：師父說的特殊的內容是什麼呢？是指由顯入密嗎？這是我的一個疑問。所以在這個「法清淨」裡邊，師父就特別強調了「應機」，到後面這幾句話強調了「圓滿」。4'54"

　　在《廣論》裡，有下士、中士，然後上士。宗大師說：無論是怎樣的，都請從共下士道開始修起。如果我們的心續中已經有共下士道的內涵，那麼我修共下士道就會很快，它也不會耽擱時間。可是萬一直接就修上面的，比如說直接上手菩提心、上手空性，可是我們連因果、皈依都不知道，都沒有堅強的這種信念，修後面那肯定是修不起來的！那什麼樣根機的人都請從最初的道次第開始修，這樣的話就不會漏掉什麼。比如說前面的次第沒有的人，如果不從前面的次第起修、修後面的話，後面修不起來，前面又落下了，兩邊都是空的。可是如果都是從共下士道起修的話，無論是何種根機的人，如果已經有的就更快速地生起，如果沒有的就從現在開始修。所以它是圓滿的教

法,「三根普被、利鈍兼收」。所以對我們來說,是非常美好的一個相遇!6'07"

其實這一段我看了很多遍,我在想師父到底要告訴我們什麼呢?讀著、讀著,總是會感受到師父希望我們能夠學到圓滿、清淨的教法。圓滿的教法是那麼地可貴,因為會把我們引導到一個大乘法的法脈之中,讓我們從一開始就要注意自己的發心,注意到其實我們學佛是為了成佛這樣一個目標。並不是為了得一點人天的快樂;也不是以一己之力超離輪迴為目標;還要去兼顧以所有如母有情離苦得樂為唯一目標這樣的一個純粹發心。要在很多時候淬鍊這樣的發心,用推理的也好,用什麼樣的角度也好,反覆地去觀察自己的內心、策勵這樣的發心。7'06"

舉了這麼多大乘、小乘的經典,在這所有的舉例之中,師父很顯然是希望我們能夠好好地珍惜值遇圓滿教法的機會。因為它從我們一開始什麼也不懂,像個小朋友一樣,連聽法都不會、連找善知識也不知道,從這樣的一開始教我們,一直到後面的成佛,所有的道次第都沒有缺少的這樣一個圓滿的教法,能夠值遇到是何其殊勝!7'39"

那麼「所說法清淨」，在這裡邊所說的法清淨──應機。如果不是大乘根機的人，我們從前面開始學著、學著、學著，老師天天地講、天天地講，說：「大乘多美好！」我們如果能夠累積到那樣的資糧，對善知識的法語能夠信受，然後資糧不夠的就積聚資糧，有業障的就懺悔，慢慢把自己的根性熟成大乘根機，也不是不可能的事情。8'12"

師父給我們展現了無限的希望！在琳琅滿目的教典之中，到底什麼是配我們的根機、什麼是配我們的胃口的？一定是最圓滿的教法！因為我們沿著最圓滿的教法，會一直走向佛地。如果我們遇到這樣的教法，再遇到引導我們圓滿教法的大乘善知識，那麼我們修信念恩、亦步亦趨地跟隨他，慢慢地或者迅速地淨化自己相續裡那些跟圓滿教法不相應的所有的雜質、所有的違品，我們自然會令師父越來越開心吧！8'54"

廣海明月

——道次第廣論講記淺析

第四卷

止迦摩囉室囉寺
所傳詮說正法
條件

線上音檔掃描

講次 0215

造者殊勝——教與學的完美融合

接著我們要聽：「彼諸智者，則許三種而為初要。」0'07"

彼諸智者，則許三種而為初要。

那個地方那些大菩薩、大祖師們哪，就說上面那個東西只是一個基本，除了這個以外還要其他的。那麼他又怎麼說呢？他說的是下面的。也許在這個地方我們會想：哎呀！那到後來的時候，豈不是比前面的更精采呀？這個概念我們要了解，並不是說後面的比前面的更精采，而是說後面的對適應後面的人來說更適應，這個是根本——一切法真正的重點，是應機才是重要的。所

音檔　　舊版 3B 25:44～28:13
手抄頁／行　舊版 1 冊　P92-LL3～P94-L1（2015 年版）
　　　　　舊版 1 冊　P92-LL1～P94-L2（2016 年版）

以同樣地，當初那蘭陀寺的三種法門，是應他們的三種法門的條件，是這個樣；後來的人由於機不太一樣了，慢慢地每況愈下。所以說，就正法而像法、末法，這個機比較差，所以要求的條件越更多、更嚴密，這是它的不同。否則的話，我們又說：「哎呀，後面的好啊！」妄判是非，不知不覺當中就會造成功不應理的取捨。那麼他下面怎麼說呢？1'30"

在這一段裡邊，師父說：那些大菩薩、大祖師們，說上面只是一個基本，除了這個還有其他的。這個時候師父舉出了我們內心中的一個想法，說：「哎呀！會不會到後來比前面的更精采了吧？」然後師父說：「我們要了解，並不是說後面的比前面的更精采，而是說後面的對適應後面的人來說更適應，這個是根本——一切法真正的重點，是應機才是重要的。」所以同樣地，那蘭陀寺的三種法門，說應他們的三種法門的條件，是這個樣子；後來機不一樣了，就變成後面那個樣子。2'20"

師父一直擔心我們會認為是不是後面的好、前面的不好呀？然後再加四個字說：「妄判是非。」就是說不要覺

得那樣是不好的、這樣是好的。為什麼呢？因為如果是這樣的話，我們認為不好的我們就會丟掉它、不敬重它，所以師父不希望我們在「不知不覺當中就會造成功不應理的取捨。」不應理的取捨會做什麼呢？就會造罪呀！因為都是法的傳承。如果我們起心動念中有一個輕慢的心、不敬的心，或者認為它是不對的心，但是事實不是這樣的，因為那都是祖師、佛菩薩留下來的，這樣的話我們就對法造下了一個不好的業。而這個不好的業在我們的心續裡成熟的話，是很可怕的！3'10"

　　在這一小段的解釋裡，師父非常小心地呵護著我們內心的善根，就像慈母牽著一個小孩走路一樣，讓我們心中的每一個念頭走向正念、走向如法，千萬不能跌倒了，讓自己的善根受傷。所以在這一小段的解釋裡邊，師父非常殷重地講了好幾次：不是說前面的不好，而是後面的應機。3'40"

　　在聽《廣論》的時候，會常常聽到師父對我們內心中的一些念頭直接作取捨。慢慢就學會用他的思路、他的判斷去判斷內心的一些事情。這樣跟著師父聽久了之後，你會覺得真的有一種慧力被提升的感覺。因為我們不辨取捨就是沒慧力，但是常常跟著師父學習正確的取捨，取捨久了之後，就會發現對一些事情的取捨就俐落多了，沒有一直猶豫在那個灰色地帶。所以在這點上，師父教導我們對於傳承、對於教典的殷重態度，是我們應該效學的。4'25"

接下來聽下一段。4'28"

謂正法造者殊勝、正法殊勝、如何講聞彼法規理。今於此中，應如後釋。

這個分成功：第一個作者殊勝，那就是前面的軌範語淨；第二個正法殊勝，這個法本身正確。還有呢，有了這個造者，這個造者當中包含了一定有什麼？這個教者、學者這兩樣東西在這裡面。沒有這兩樣東西的話，他這個「造」不可能、不可能，這第一點。所以這兩個含攝了，那麼說的又殊勝，在這個地方多的有什麼？怎麼講、怎麼聽這個道理。這個道理非常重要、非常重要！下面哪，等一下講到那個四個題目的時候說它。現在我在這裡，說就用什麼？就用後者那個辦法，用後者

│ 那個辦法。現在我們這地方就停一下、休息一下。5'38"

　　師父說：「作者殊勝，那就是前面的軌範語淨；第二個正法殊勝，這個法本身正確。」有記得吧！有在看嗎？還有在這個造者當中，師父說包含了什麼呢？提了一個問題：我們在想「正法造者殊勝」，好像就是創造正法的人啊！可是師父提出了兩個——教的和學的，這兩樣東西都在裡邊。其實這個提法是會石破天驚的，我們沒想過吧！在很多年前，《廣論》聽到這裡的時候真的有點驚訝：造者是包括教者和學者兩樣東西在裡邊？6'23"

　　師父接著說：「沒有這兩樣東西的話，他這個『造』不可能、不可能。」然後想一想是應理的，沒有教的、沒有學的，怎麼會有正法出現呢？怎麼會有這樣的一個造者出現呢？他前面一定是跟他的老師學，學會了之後一定要往下教。現在像我們僧團的五大論班，最高班的一開始都是學習五大論、衝擊的第一班，第一班學了之後就要教底下的班。然後在反覆、反覆地給其他班上課的過程中，就像各位班長帶班的時候，你知道帶的班越多其實受益的就是自己。因為你會一遍一遍地重複學習，而且各班都有進度，你不敢懈怠，在上課之前你一定要好好地熟文，深刻地去看師父這個義理是什麼，乃至義理背後所指的內涵是什麼。所以在貌似帶班，或者說給別人講的同時，實際上自己是一個非常非常努力懇切的學生、會不停地發現自己很多問題的一個學生。7'36"

所以，在貌似教別人的時候，實際上自己要好好地學。像跟隨在師父身邊學的時候，我也非常非常認真地看師父是怎麼帶別人、怎麼教別人的。那個時候就會發現，師父給他講一個道理，一定會告訴這個出家人下腳的一步是什麼、腳下最踏實的那一步是什麼，那一步一定是他可以踏上去的，而且是他可以感受到的。8'04"

所以跟在師父身邊學習的時候，我會覺得佛法非常地親切、非常地擲地有聲，是非常真實的。因為每天每天在我們的二六時中，會不停地觸及到自己的內心、觸及到佛陀的教言、觸及到祖師佛菩薩的這些語教。然後我們拿這些語教數數地針對自心的時候，我們就自然會感受到佛法的力量。什麼力量啊？調伏心續的力量。怎麼調伏啊？把那個被痛苦、被各種煩惱逼迫得快抓狂的心，讓它一次又一次地清淨下來，讓它一遍又一遍地回歸在正路上。這就是一個用法來調伏的過程。8'49"

正因為跟在師父身邊學，看他是怎麼樣講，又怎麼樣地帶人的，一個弟子跟上師學的時候也會學到這些。所以我會發現學的、教的這兩個，真的是完美地融合在一起，什麼也不能缺乏的，就像一個宇宙一樣，是非常非常地遼闊和恢宏的。所以當師父從這樣的角度去講的時候，其實內心是滿震撼的！不知道你們是怎麼想的？9'24"

線上音檔掃描

講次 0216

以正法饒益自他相續，莫挑毛病

　　接著師父說含攝了之後，「那麼在這個地方多的有什麼？」就是「怎麼講、怎麼聽這個道理。這個道理非常重要、非常重要！」連著兩個，凡是師父說到「非常、非常」兩個或者更多個的時候，我通常就在這個地方停下來。「怎麼講、怎麼聽這個道理非常重要！」其實到現在為止也是這樣，大家每次聽之前有沒有作正式的發心啊？聽聞軌理有沒有憶念呢？因為聽聞軌理的那些修為沒有在自心經過扎實地修鍊修起來之前，都得要串習呀！因為不串習就忘了。0'40"

　　我們每天的日程都排得很多，如果到了聽法的時間沒有做好聽聞軌理，就等於這個程序是不對的。這個程序是

音檔　　　鳳山寺版 02 57:28 ～ 59:09
手抄頁／行　鳳山寺版 1 冊　P59-LL2 ～ P60-LL2

不對的話，到時候就像師父常常用做飯的例子，做飯的程序不對的話，做出來東西就是沒法吃的。那我們聽聞佛法也要注意它的次第，和它井然有序的這個家風啊！如果每次都不注意聽聞軌理，那麼由於聽聞正法所得到利益那個部分就會受損，所以這個算帳是很清楚的！就像如果一個醫生給病人做手術的話，那多少道程序？一條一條的，那一個都不能差的！就比如說洗手這件事是非常平常的，進手術室之前的醫生洗手那真是非常徹底的！然後多少種手術器具要什麼、要什麼、要什麼，那都不能缺的。因為觀待著一個人的生命和健康呀！1'35"

那麼我們聽法也是為了法身慧命，所以聽的時候就老老實實地沿著聽聞軌理去串、去修；要去說法的話，也要按著講說軌理，完全放好自己的動機、清淨好自己的動機。不能是為了名聞、利養或者為了什麼，只能是為了能夠淨化自己的相續，為了這個法能夠淨化有情的相續、離苦得樂、為成就無上菩提這樣的目標。2'05"

所以，這裡邊的字句雖然是不多，但是一字千金哪！這個部分都是善知識非常、非常注重用心的部分。我們學的時候，如果也能夠用心體會的話，其實也就像跟在師父身邊一樣的，就像認真地去師父的小佛堂跟他請益，然後師父就是這樣講的。2'33"

「今於此中，應如後釋」，這一段師父在新版的《廣論》中也有一段，大家可以聽一聽。2'43"

今於此中，應如後釋。

現在宗大師說，我現在這兩種當中，用的哪一個？用後者。表示他那個法，都是有他一定的傳承。2'57"

那麼然後呢，另外有一點意義我們也不妨說一下。前面是那蘭陀寺，這麼殊勝，那後來為什麼會慢慢地變，變到這個止迦摩囉室囉寺這樣起來呢？這也就是說，世間本來是無常相，還有呢，因緣一直這個會變化的。所以，以前的人根性具足，因為根性具足條件都好，所以你簡單一點就可以了；後來的人條件差，這個簡單的不夠，所以要更確實的內容。因此在這個地方嘛，我們了解了以後，我們不必拿我們現在的眼光去看

哪一個好、哪一個壞。世尊說法沒有不好的，不同，只是根性不同而已，這種根性的人以這種方法、那種根性的人那種方法。然後呢，整個時代來說，向前跟世尊相應那種的條件好，所以不妨說得簡單；後來的人要同樣的內涵的話，就應該更多一點。這是我們附帶的，但是這個也並沒有一定的特徵。總之，從這個多方面去思惟觀察，我們能夠找到我們自己相應，這個才是真正重要的。4'25"

好！在新版中，師父說：宗大師說我現在這兩者當中用哪一個呢？用後者。表示那個法都是他有一定的傳承。說宗大師這樣的說法是有傳承的。還有另一點意義，師父說要說一下：「前面是那蘭陀寺，這麼殊勝，那後來為什麼會慢慢地變，變到止迦摩囉室囉寺這樣起來呢？」師父接著說：世間本是無常相，因緣一直都在變化的。所以，以前的人根性具足，根性條件都非常好，簡單地說一下就明白了；後來的人條件差，簡單的不夠，需要更多一點兒的內容。那麼到底是哪一個好呢？師父的結論還是這樣的：世尊說法沒有不好的，不同，只是根性不同而已。這種根性的人就用這種法，那種根性的人就聽那種法。然後呢，整個時代向前就跟世尊相應的那個條件好，所以就簡單一點，然後向後就多一點。5'40"

在這個講完之後，師父說：「總之，從這個多方面去思惟觀察，我們能夠找到我們自己相應，這個才是真正重要的。」這句話是什麼意思呢？就是怕聽了法之後，我們就像在舊版講的那樣——妄判好惡，說：「啊！這個好、那個不好。」實際上，能夠找到自己相應的，從中受益，完成正法對自己相續的饒益，才是真正重要的。這也是為什麼會有傳承的根本原因。因為傳承就一直傳遞下去，才會饒益到慢慢的根機走上來的所有的有情，包括你我。6'26"

在這一段的解釋裡，師父還是跟前面舊版的是差不多的。在這裡邊有個無常的相，還有人的根性的轉變，這揭示出：不要用自己的眼光去看哪一個好、哪一個不好。說：「我們不必拿我們現在眼光去看哪一個好、哪一個壞。」那我現在只有這樣的眼光啊，我不用現在的眼光去辨別的話，好像也沒有什麼其他的眼光辨別，那怎麼辦呢？所以要親近善知識啊！要學習用清淨的、正確的抉擇

慧去抉擇，不要妄加分別。取捨要正確，所以要聽聞正法、要親近善知識，正因為自己不行所以才要學。因為這前面還有一句話說：「我們了解了以後，我們不必拿我們現在的眼光去看哪一個好、哪一個壞。」所以前提是說：沒了解的時候，就會拿自己的目光；了解了之後，就會去找自己相應的，會對於正法普同恭敬、普同供養，用殷重的心來學習、來傳承。7'38"

師父在此處還是要教導我們用一個樸實的、真正地拿法來饒益自己的心續，也令他人饒益的這樣清淨的動機來學習正法。不要上來挑毛病，這裡不行、哪裡不行，然後挑了一堆之後自己什麼也沒得到，可能還造一堆惡業。那你說：「明辨取捨是挑毛病嗎？」跟這完全是不一樣！明辨取捨是透過辨析教理，讓自己的慧力越來越犀利。慧力變得越來越犀利，抉擇什麼呢？比如說抉擇教理呀！拿抉擇的教理再抉擇內心啊！最終要把我們生死中的自性執抉擇掉，然後達成無死的、清涼的那樣一個美妙的生命境界。而且在這之前要大乘發心！8'34"

所以，師父還是在在處處提醒著我們要銘記傳承的正法它最實惠的作用，就是要令我的心續能夠得到正法的饒益。而且如果只發這樣的心，說正法只饒益我自己還是不夠的，要拿法來利益所有、所有的人。那麼怎樣才能夠拿法利益所有、所有的人？一定要去希求遍智的果位！所以每每在聽師父講述的時候，總被他的心意所感動，因為在字裡行間，都會讀到他小心地令我們的善根每一步、每一個念頭這樣地成長，應該說是悲心切切吧！9'28"

廣海明月

──道次第廣論講記淺析
第四卷

令人心馳神往
的勝那蘭陀寺

線上音檔掃描

講次 0217

「講說方式」之二派傳承（四家註）

　　大家好！又到了我們學習全廣的時間了。今天我們會學習《四家合註》和《四家合註入門》。現在請大家把《四家合註》翻到94頁，我們來一起看文。在94頁中間藍字的部分，說：0'23"

㊽開示釋儀當中諸智者異門者：此中傳有二派釋儀：〔勝那蘭陀，㊟師云：此為往昔阿育王於舍利弗誕生處，所建安置大乘經函之宏偉經院。五百大乘阿闍黎、陀尊兄弟及龍樹等，皆於其中，以講聞大乘教法之門廣為拓建，為印度諸僧團中最殊勝者。〕中諸智論師，許由三種清淨門中詮釋正法，謂軌範語淨、學者相續淨、所說法清淨。後時〔止迦摩囉室囉，㊟師云：此寺於摩

《四家合註白話校註集》頁／行　1 冊 P94-L5 ～ P94-LL3
《四家合註入門》頁／行　　　1 冊 P81-LL4 ～ P81-LL1

羯陀北方，恆河畔小丘頂上，具一百零八佛殿，內殿中央供奉與金剛座大菩提像等量之世尊像，外有圍牆環繞。安住其中諸班智達，行種種聖教事業，亦為僧伽資生極妙善處，覺窩大師亦從此處迎赴藏地。建寺者為法王達摩波羅，彼即獅子賢論師之施主。〕聖教盛行，彼諸智者，則許三種而為初要：謂正法造者殊勝、正法殊勝、如何講聞彼法規理。2'20"

再看下面的藍字：2'23"

㊵明當隨於何規：今於此中，應如後釋。2'30"

這一段說明關於「講說方式」，智者們有哪些不同的承許：對於講說的軌理，過去曾經出現過兩派的承許。一派是勝那蘭陀寺，上師說：這是以前阿育王在舍利弗尊者的誕生地所修建的一座安置大乘經函的宏偉經院。五百位大乘阿闍黎、陀尊兄弟以及龍樹菩薩等等，都曾駐錫其中，以講聞大乘佛法之門加以擴建，並且是印度各部僧團中最極超勝的寺院。解釋那蘭陀寺，那裡的智者們承許透過三種清淨的方式來解說正法，這三種清淨即是師長的言

語清淨、弟子的相續淨、所詮述的法義清淨。3'30"

　　另外一派，源自後來教法極為興盛的止迦摩囉室囉寺。上師說：該寺是在摩羯陀北方恆河畔小丘頂上的一座寺院，包含了一百零八座佛殿，這是很宏偉的一座寺院。內殿中央供奉著與金剛座大菩提像大小相等的釋迦世尊像，外圍都有圍牆環繞。寺中的班智達們廣行種種不同的弘法事業，而且是僧眾生活條件非常優越的一個道場。聖阿底峽尊者也從此處被迎請到藏地。這座寺院的修建者是誰呢？就是法王達摩波羅，他就是獅子賢論師的施主。其中的智者們，則承許有三者在最初的時候是極為重要的。這三者是什麼呢？正法造者殊勝、正法殊勝、如何講說聽聞正法的軌理。說明此處依循哪一種軌理呢？就是本論會依照後者的方式來解說。這是《四家合註》裡的原文和白話解釋。4'50"

　　現在我們再把《四家合註入門》翻到81頁，再看也是中間藍字一行下面黑字。

　⑳開示釋儀當中的諸智者異門者：此中傳有二派釋儀：

〔勝那蘭陀，㊟謂蘆葦塘。師云：此為往昔阿育王於舍利弗誕生處，所建安置大乘經函之宏偉經院。五百大乘阿闍黎、陀尊兄弟及龍樹等，皆於其中，以講聞大乘教法之門廣為拓建，為印度諸僧團中最殊勝者。〕中 5'28"

　　這個解釋，很明顯說「勝那蘭陀寺」，跟《四家合註》不一樣的就是，這有一個「蘆葦塘」，因為這是拉卜楞寺的版本，拉卜楞寺版就是這樣的。這個「釋儀」，仁波切的講記就是：接著是說明要用什麼樣的講解方式來闡述道次第呢？在印度有兩座大寺院，第一座就是「勝那蘭陀寺」——這裡邊就有語王尊者的註：所謂「那蘭陀」意思就是「蘆葦塘」，因為那裡的水池長了很多長長的蘆葦，所以拿來稱呼那個地方。那蘭陀同時也是舍利弗尊者的出生地。接下來，語王尊者的箋註說：「此為往昔阿育王於舍利弗誕生處，所建安置大乘經函之宏偉經院。」本來是舍利弗尊者的出生地，之後到了阿育王時，在這裡建造了安放許多經典的寺院。6'30"

線上音檔掃描

講次 0218

那蘭陀寺建寺緣起（四家註）

　　在這一段，我們可以再講一下「那蘭陀寺」。仁波切接著說：你們去過那蘭陀寺嗎？現在的那蘭陀寺已成為廢墟了，不復存在。只是有個塔的遺跡，傳說是舍利弗尊者的塔，不知道是不是真的。在公元1193年，突厥人叫巴克赫提亞爾・卡爾積，帶兵破壞了這座偉大的寺院，藏經閣也被破壞了。大批的僧眾只能逃往他處，從此衰落，慢慢地變成廢墟——就仁波切講的：「就是廢墟了。」在1861年，英國考古學家亞歷山大・康寧漢開始挖掘這座寺院的遺物，逐步呈現這座寺院的遺跡，不然連遺跡可能都看不到了。1'03"

《四家合註白話校註集》頁／行　1 冊 P95-LL6 ～ P96-L15
《四家合註入門》頁／行　　　　1 冊 P82-L1 ～ P82-LL1

　　在當時的那蘭陀寺，有「五百大乘阿闍黎」和「陀尊兄弟」倆，哥哥是陀尊成就尊，弟弟是陀尊安樂主。陀尊安樂主是《勝天讚》的作者，這本書非常有名，在《丹珠爾》中有收錄。這兩位都是印度班智達。那蘭陀寺大概是阿育王時開始有雛型，之後具德怙主聖者龍樹——就是龍樹菩薩把它擴建了，成為印度的內道教徒講聞、學習的主要寺院。「以講聞大乘法之門」，透由講說、聽聞大乘教法的方式來興盛擴建寺院，而成為「印度諸僧團中最殊勝者」。1'55"

　　關於那蘭陀寺，我想給大家再多講一點點。那蘭陀寺就是古印度佛教的最高學府，梵語義譯過來就是「施無厭」，又作「那爛陀」。施無厭就是布施沒有厭足的意思。相傳這座寺院南邊的池潭中有個龍，名字叫那爛陀，然後寺就建在那個池子的旁邊，所以就取了這樣一個稱號。如果從實際的意義來說，因為過去如來修菩薩行的時候，為大國王，建都此地，樂善布施，德號施無厭，故稱其名。這座寺院在古印度摩羯陀國北方，就是今天的拉查基爾——舊譯王舍城——的北方約十一公里的這個地方。建寺由來有很多種，眾說不一。在《大唐西域記》裡邊有這樣一個記載：笈多王朝的帝日王為了曷羅社盤社比丘建的，然後歷代國王屢加擴建，最後形成了外觀宏偉、內學精湛的一座大寺院。3'10"

而《東噶辭典》中提到：這座寺院落成的地方，就是舍利弗尊者的出生地，為了紀念聖者的恩德，中印度及四方五位國王齊心合建出當時無有能與之媲美的佛學院。多羅那他大師則說：這座寺院位於舍利弗尊者的出生地，又是舍利弗的八萬阿羅漢弟子的涅槃處，阿育王曾對舍利弗塔廣興供養，並且創建了一座佛寺在這個地方。3'44"

之後大乘部最初的五百阿闍黎共同討論，說：「如果在舍利弗曾經的住處宣說大乘法，當令大乘法普傳十方。」於是就有陀尊阿闍黎兄弟開始創建寺院，他們興建了八間佛殿，收藏著當時所有的大乘經函。這是很難想像的！就是把大乘教典全部收在這座寺院裡。4'13"

這座寺院在七世紀的時候是印度最具代表性的佛教學府，其中藏書有多少呢？大家猜猜看，可以想像一下——九百萬卷！歷代學者大德輩出，像龍樹菩薩、聖天菩薩、戒賢論師、獅子賢論師、月稱論師等這麼多的大論師。另外大家知不知道玄奘大師是去哪裡學習的呢？還有義淨大師？玄奘大師和義淨大師，還有其他高僧，也從中國來到那蘭陀寺學習、翻譯。當時這座寺院裡的僧眾雲集，僧眾多達多少人呢？高達萬人，是萬人的大寺喔！可以想見那上早晚課的時候，僧伽海會喔！非常地壯觀！每天有多少個講壇呢？有一百多個講壇，之後也成為金剛乘的修學中心。這就是我們傳說中的那蘭陀寺曾經的盛況。5'22"

線上音檔掃描

講次 0219

護法國王阿育王的故事

　　上一次我們講到那蘭陀寺收集了所有的大乘經典，有九百多萬卷經。跟法師們討論那蘭陀寺的時候，其實法師們都是心馳神往的。想想那時候印度沒有印刷術，所有的經函都是手抄本，而且主要是貝葉經，還有樹皮為紙這樣抄下來的，可是那個時候出了那麼多大成就者！0'31"

　　那蘭陀寺建寺的地址是舍利弗的出生地，舍利弗是赫赫有名的佛陀的大弟子。那麼關於阿育王，我想給大家稍稍介紹一下。阿育王是佛所授記古印度的護法國王，在公元前304～232年間。阿恕伽是他梵語的音譯，義譯就是無憂，前世為德勝童子，他在小孩的時候就像小孩一樣都喜歡玩土嘛！玩土的時候，他是太有福報了，就看到了佛陀托缽在乞食。他看到佛陀的時候就心生大歡喜，因為一

《四家合註白話校註集》頁／行　1 冊 P96-LL14 ～ P97-LL11

個孩子也沒有什麼可以供養的，就想：把那個土當作食物，供養給了佛陀，然後發願成為王。1'24"

佛陀就為他授記：於佛陀涅槃百年後這個童子當作轉輪王，統領南贍部洲，名阿恕伽，分佛舍利做八萬四千佛塔，饒益有情。此王為阿闍世王的後代，頻頭莎羅王的王子。他的母親是婆羅門女，原先他的母親為其他的後宮所嫉妒，專門服苦役，她因為善解國王的意思，後來成為了第一夫人。由於生下了阿育王以後，別人就再也不敢欺負她、不敢打擾她，可能也不敢嫉妒她了，所以就取名為無憂。好像這個小孩給他的母親帶來了幸福、無憂的生活——非常美好的一個名字。這是其中的一段關於阿育王的記載。2'16"

但在《印度佛教史》中又有這樣的記載，說阿育王出生於北印度的贍巴阿拿境，父親為日種國王涅米大，母親原來是商主的妻子。因為阿育王出生的時候國王消除了之前的憂惱，所以叫無憂。年少的時候他就通達了各種文學和武術，喜歡練武。因為他的前世以土供佛，所以他今生的身形鄙惡，長得不是很好，所以不為王所愛念。很奇怪！父母會因為小孩長得不好而不喜歡嗎？有的時候因為這個小孩長得不好，父母可能會更憐惜他一些，會不會這樣呢？2'58"

但是那個時候有個占相師是很厲害的，他一占相就知道雖然他有點不那麼好看，但是一定會成為國王，所以就暗告大臣。當時國王常常遣他去攻打其他的叛國，但是卻不給他兵器，這個時候地神就從地上湧現，然後奉上了兵器。到了那個背叛的國家之後，還沒有開始進攻，那個國家就自己投降了，於是國土就逐漸地擴大。看來是一個能征善戰的王子，天神共護。3'34"

後來因為宰相與太子不和，於是把相師的預言告訴了五百大臣，然後就謀殺太子，幫助阿育王登基。但是阿育王受到許多大臣的輕視、宮女的不喜，所以殘殺了五百大臣及五百宮女，百姓改稱為惡阿育王——前面有個「惡」字，看起來這段的描述是很殘忍。後來他又招了殺父殺母的這個惡人——耆梨，做了一個酷刑房，名叫愛樂獄，其中的刑法是比照地獄的。4'08"

當時有一個出家人，失誤就走到了那個酷刑房裡，然後馬上就會被燒或者被殺了。這個出家人就哀求說：「可不可以緩刑七日啊？」後來就被答應了。他就精進用功，在七日之中見屎尿、內臟種種不淨，生厭離心，精勤修道，證得了阿羅漢果。然後惡人以各種方式施刑，但是都不能害到他。於是就趕快去報告給國王，消息傳開之後，國王和百姓就一起觀看。然後這位阿羅漢——當初誤入這個刑房的沙門，就知道：啊！度化大家的時候到了，所以就現大神通，並且告訴國王世尊的授記。國王心生稀有，懺悔前愆，然後皈依佛門——這個曾被稱為惡阿育王的就皈依了！為了除掉眾生的怖畏，他把那個刑房愛樂獄就直接毀壞掉了。5'11"

其後，這個國王遵從著佛的授記，召喚鬼神相助，於一日中就建造了八萬四千佛舍利塔，一天就造完了，所以人們改稱為正法阿育王。人們對他的稱呼改得也滿快的，馬上就改了。然後又迎請了優婆毱多尊者宣揚佛的功德，教化十方。阿育王自己是完全沒有慳吝心地供養佛僧，數以萬計，而且他也是見人就勸、見人就勸，勸百姓布施修福啊！5'44"

　　我不知道大家有沒有被勸過要多布施啊、要多修福啊？現在看起來勸我們布施修福的，好像都是來要錢的，但是要是國王勸我們的話，我們就不會有這種心，因為覺得國王不會要我們的錢，因為他有的是錢。要是一個同行善友勸我們，我們就會覺得：欸！你怎麼老說這個事情，勸我們布施修福呢？6'09"

　　阿育王晚年的時候，想要學習須達長者。須達長者那個故事記得吧？我們還把它編成了戲劇演過。他把地全鋪成金子供佛，對吧！阿育王也發願供養百億的黃金。當供養到九十六億黃金的時候，很不幸地，阿育王就生病了，而且病得很重。想想，這個國王這麼能供養，王子、大臣會有些擔憂啊！怕王庫空虛、都供出來了，所以就不再供養。6'44"

　　因為才九十六億，還差四億，但即使是拿個金盤子、銀盤子——那個侍從會端進去為這個生病的國王送食物嘛——國王仍然將金盤子還有銀盤子這些物品，告訴他的侍從去供養布施給僧眾。最後只給國王送了半顆菴摩羅果。然後國王就囑咐他的侍從去報告寺院裡的上座說：

「此是國王最後供養。」這個菴摩羅果是國王最後的供養。7'21"

上座收到了半顆菴摩羅果之後就召集僧眾說：「你們看到阿育王統治天下受用快樂，現在大王被臣屬所控制，連自己的財物都無法自主，只剩這半顆菴摩羅果能隨意得用。」因大王以殷重心來布施於僧眾，於是上座就交代典座，將半顆菴摩羅果放入羹湯裡面，讓所有的僧眾都能夠受用，上座也就由此教誡眾僧說：「因此啊，要對生死輪迴深生厭惡！榮華富貴的快樂不久就會敗壞，權勢自在也是不久就會失去，生死實在是非常地可惡啊！」8'09"

後來阿育王臨命終的時候，就問他的輔相羅提毱提說：「在此世中，誰得自在？」答曰：「唯聖世尊，得大自在。」然後阿育王就合掌發願：「唯除庫藏，四海一切盡供佛僧。此生所積一切功德，不求世間人天果位，只願速成聖位得大自在！」說完他就以齒印——就是用牙咬的——去封詔書，然後就把它給了那個輔相，隨即命終。可以說他在命終之前的這個善念、這個迴向，還是非常非常令人欽佩的。所以後來這個輔相與大臣就共同商議，就把四億黃金供僧，贖回了四海國土。終於圓滿了阿育王的最後的心願。9'07"

　　赫赫有名的阿育王！在他修布施的時候，最後什麼都沒有了，金盤子、銀盤子都去供僧。後來得到了半顆菴摩羅果——擁有那麼多的國土和那麼多臣民的國王，最後只給國王送了半顆菴摩羅果——他還拿那個半顆菴摩羅果去供僧，並且發願說：「唯除庫藏，四海一切，所有國土全部供僧！」正是因為他這樣說了，所以後來大臣和王子才把那四億的黃金補上。所以看一看，我們平常對於修布施有沒有這樣的精勤啊？這樣的一種布施真的是令人欽佩啊！9'49"

講次 0220

陀尊兄弟皈信三寶的事蹟

在講到勝那蘭陀寺的時候，說是安置大乘經函的宏偉經院，五百大乘阿闍黎還有陀尊兄弟及龍樹等等，都在那蘭陀寺裡邊。大家知不知道陀尊兄弟他們的事蹟呢？陀尊兄弟就是指陀尊成就尊還有陀尊安樂主，他們大約是在釋迦牟尼佛涅槃後兩百年出生的。0'33"

下面我要講的是依據《六世賽倉大師文集》中《殊勝讚廣釋》中的內容。陀尊兄弟生於印度一戶世代信仰供奉大自在天的家庭，這個世家善巧並且愛樂行持六件事：讀誦《吠陀》典籍、令人讀誦、修習火供、令人修習火供、布施、受取六事。哥哥出生的時候取名陀尊成就尊，年幼的時候通曉總體婆羅門的《吠陀》教典，對於外道所有的典籍也都能夠通曉無疑，得到了智者的美名。他依著祖先傳下來的規矩，長時地供養大自在天。但他不僅讀誦外道的典籍，同時也讀誦內道的典籍，並且完全地通曉其中的意涵。因此他看到佛世尊的至言無倒地開示了苦及苦因，以及遮滅苦因之道，是具有殊勝意涵的教典，至於其他外道的典籍就不是這樣的。 1'46"

　　到了一定的時候，他與弟弟安樂主兩個人就想：「我們平時供奉的大自在天較為超勝，還是佛世尊較為超勝呢？我們應該好好地探究，並且找人詢問。」於是他們向父親請問。父親說：「我們家祖祖輩輩都是讀誦婆羅門《吠陀》典籍，並且供奉大自在天，至於真正說來究竟是誰較為超勝，我也不知道。如果你們真想知道的話，可以到無熱惱湖畔，那兒有一座四季覆蓋著冰雪的雪山——岡底斯山。我們的大自在天以及他的妃子鄔摩天女，據說現在就住在那裡。要是你們有勇氣的話，就去那裡親自謁見大自在天，並且請示他這個問題，他會告訴你們的。」 2'58"

　　於是，兩位兄弟心想：「在我們倆還沒有親自見到大自在天得到他的指示之前，我們不修任何的善根。」他們發誓一定要親自見到大自在天。於是兄弟二人就啟程前往，一起到了岡底斯山。在那裡他們看到了一處天神的林苑，裡面散落著稀奇的人天妙花、妙果、葉子，還有果實低垂的佳木，到處都是。四周非常地寬闊，令人非常地舒心、非常地悅意，景色別致，大自在天的坐騎象王就像白雲一般隨意地漫步。兄弟二人見到這樣的情景就非常地高興，並跑進去尋找大自在天所住的位置。4'02"

在花葉、果實低垂的樹林當中，他們看到了一位美麗可人的天女，光看一眼就能奪人心意，在她的身旁還有許多年少的天子一起摘著果實。這位天女看到他們之後，問他們說：「你們來到這麼難以前來的地方，是有什麼事情嗎？」兄弟二人便詳細地告訴天女所有的原委。天女聽了之後說：「我就是你們大自在天的妃子鄔摩，如果你們倆為了這個目的想要見大自在天的話，就跟著我來吧！」4'46"

他們就跟著天女走到了一片花果極為繁茂的天苑，周圍都是湖泊和水塘，各種水鳥發出優雅的鳴叫，具足八支的流水及瀑布的水氣就那樣瀰漫在空中，於是出現了五彩虹霓的帳室。裡邊有一座天人的宮殿，懸掛著半滿瓔珞，矮牆、柵欄作為裝飾——那個矮牆應該是光做的吧——在

225

透明的無量宮中，設了一個寶座，大自在天就傲氣地坐在
上頭。有許多天女或者手持著孔雀翎扇、或者手持拂塵，
還有彈奏琵琶的、吹著笛子的、有端來各種甘露美食的。
然後鄔摩天女就交代部眾主，就是他的兒子象鼻天毗奈耶
迦，說：「把這兩位童子帶到大自在天的面前。」然後部
眾主牽著他們倆的手，帶他們來到大自在天的座前，他們
兩位就恭敬地禮拜了大自在天。6'02"

大自在天說：「你們兩位來到這難以到達的地方，是
為了什麼事嗎？你們想要得到什麼悉地？」年少的兩兄弟
說：「我們兩個是婆羅門族人，此行來到這裡不是為了求
得悉地。我們家祖祖輩輩都是奉您為導師，對於您的論典
以及《吠陀》也都學習得很精通，另外對於佛陀的教典也
學習得善巧、嫻熟、通達了，但是不曉得哪位導師以及誰
的教典更為殊勝？因此祈請您能夠告訴我們。關於導師以
及教、論、著的究竟，是誰高誰低呢？何者較為超勝，我
們就想依信於誰。」6'54"

看一看，這兩位滿直率地就去問了這麼直率的問題。
大自在天聽完了之後，就對他們說了：「如果你們想明白

這件事，那就在這兒稍等一下吧！」時值正午，也就是接近釋迦佛諸比丘化緣乞食的時候，天上來了五百阿羅漢，身著褐黃色的法衣，手持缽與錫杖，就像飛鳥翱翔。他們下來的時候，就像黃色的大雁降落，到了大自在天的宮殿前面。大自在天、鄔摩天女，以及身邊的侍從，他們手持著燒香、塗香，還有各種鮮花等等的供養，恭敬地上前迎接。7'48"

　　他們請眾阿羅漢坐上了天人妙供中的舒適坐墊，接著大自在天與鄔摩天女等供上了豐盛的百味飲食，請諸羅漢應供，羅漢得到了滿足。隨後鄔摩天女又供養了各種鮮花、水果，之後與大自在天坐在一起。接著眾阿羅漢便受供迴向，並且以布施福德作為主題而開示正法。結束之後，又像飛鳥飛上天一般，回到了他們自己的住所。8'28"

　　注意喔，這個過程應該這兩個兄弟都看到了吧！於是大自在天就對婆羅門兄弟二人說了一個偈子：「我等日日興供養，誰之弟子獲妙德，除世間過功德巍，最勝妙相遍傳揚。以大歡喜正供養，當下即若得涅槃，三界導師德無等，智者當供彼佛陀。」大自在天接著告訴他們說：

「所以你們二人也要以導師佛陀世尊作為皈依呀！並且要恭敬供養佛陀的至言，以及隨學佛陀的聖者僧伽。」兄弟二人清楚了解了大自在天的意思之後，心滿意足地回去了。9'26"

婆羅門陀尊成就尊與安樂主兩兄弟回到了自己的家裡，他們知道了吠陀的教典以及其所開示的內容都是沒有心要的，自此就把這些棄如蔽草。而導師佛陀世尊和佛陀所宣說的至言，才是消除一切痛苦、獲得最勝解脫果位的真實方便。他們對此獲得了堅固的定解之後，就由「知功德、知差別、自受許、不言有餘」這四個層面，從內心深處皈依三寶。注意！《廣論》上也有這樣的。並且在心續當中生起了——注意！看是生起了什麼——見一切生死輪迴無有心要的真實出離意樂，於是捨俗出家而趣入佛陀的聖教。10'30"

進入佛門之後，婆羅門兄弟懷著對於導師大悲尊極深的誠敬信心，依著內、外道導師與教法勝劣的差別，還有各別的功德過失，弟弟安樂主以佛陀世尊勝出世間天神的論述方式，造了《勝天讚》；哥哥陀尊成就尊則造了《導師世尊如來應供正遍知佛陀吉祥勝者釋迦能仁殊勝讚》，簡稱《殊勝讚》。11'03"

另外在其他的史籍當中則記載：在第三次集結經典之後，大乘教法剛開始興盛，摩羯陀境內有一對兄弟名為婆羅門陀尊成就尊以及安樂主。他們兩位都精通內、外道的教義，但是哥哥心中懷有疑惑，覺得大自在天較為超勝，而安樂主則完全歸信於佛陀，兩個人由於見解和信仰相處得不太和睦。後來因為母親的勸勵，兄弟二人修成了神行悉地，到了格拉夏山王——也就是岡底斯山——大自在天的跟前。11'46"

在那個地方見到了五百羅漢像飛鳥般從天飛來，大自在天及其隨從禮敬羅漢，並且供養午齋而聽聞佛法。婆羅門兄弟二人請問了大自在天，大自在天說：「解脫只有佛道中才有，其他是沒有的。」兄弟二人非常歡喜，回到了自己的家鄉之後，就捨掉了婆羅門的服飾而成為居士大德，正為受持終身居士八戒，善巧通達大小乘。為了分判導師與外道大師的勝劣，因此陀尊成就尊造了《殊勝讚》，而安樂主造了《勝天讚》。這兩篇讚傳遍了所有市

集與王宮，那時當地的人大多將這兩篇讚作為歌詞而歌唱，流傳非常非常地廣。陀尊兄弟二人供養在金剛座的五百位聲聞的生活所需，又在那蘭陀承事供養五百位大乘行者。12'54"

一般而言，那蘭陀是聖者舍利弗出生的地方，同樣也是舍利弗與八萬阿羅漢涅槃的地方，中間有一段時間地方空了、人也沒有了，只剩下一座舍利弗的塔。當時阿育王就供養了那座塔，並且修建了一座宏偉的佛殿。後來大乘最初的五百阿闍黎共同商議觀察，如果在聖者舍利弗出生地弘揚大乘教法的話，有大乘之法之興盛、眾人生信的徵兆；如果在目犍連尊者出生地弘揚大乘教法的話，徵兆顯示會有很大的勢力，但算不上正法興盛。他們看到這樣的徵兆之後，陀尊兄弟就興建了八座那蘭陀寺的經院，安置了許多大乘的經典。因此那蘭陀寺最初的建造者是阿育王，但是大乘教法最初在那裡弘揚起來，則是五百阿闍黎與陀尊兄弟的功勞。中間則是由婆羅門羅睺羅令興盛，再由龍樹菩薩令大乘法盛極一時。這些是多羅那他大師所說的。14'14"

　　我上面所講的就是賽倉大師的《殊勝讚廣釋》中所說的內容，有機會我們可以學一學兄弟二人造的那兩篇讚。如果可以的話，可能也可以寫成讚頌歌頌佛德，讓我們能夠集聚很大的資糧。謝謝大家！14'37"

線上音檔掃描

講次 0221

軌範語淨——懷有真實饒益他人之心（四家註）

　　聽完了陀尊兄弟和五百阿闍黎，我們可以接著看一下《四家合註入門》第83頁，看第一行的黑字。「諸智論師，許由三種清淨門中詮釋正法」，哪三種還記得吧？「謂軌範語淨、學者相續淨、所說法清淨。」下面看仁波切的講記，說：吉祥那蘭陀寺所有的智者是用什麼方式來講說正法呢？以「三種清淨門」來「詮釋正法」，就是「軌範語淨、學者相續淨、所說法清淨」，以這三種清淨門來詮釋正法。所謂「軌範語淨」，軌範師對於清淨論典的內涵所作的無謬解釋，即是「軌範語淨」。「學者相續淨」，就是指弟子們相續不摻雜煩惱。同樣地，前一個「軌範語淨」的意思，雖然主要是指無謬解釋論典的義理，然而軌範師的相續清淨也很重要，並不是只要講得好就可以，而軌範師本身的心續、意樂不好卻沒關係。不是

《四家合註入門》頁／行　1 冊 P83-L1 ～ P83-LL3

這樣的！從字面上看來，沒有說軌範講得好就可以了，不用管相續清不清淨，其實相續清淨才是主要的。所以軌範的相續清淨是非常重要的！1'38"

仁波切在這裡說：「一定要思考這對他人是有利益的，或者這對他人是否能有利益？一定要懷有利益他人的心才說法，這是根本！在這之上言語清淨──能無謬宣說論典義理，這才是軌範語淨的意思。除此之外，不能說即使軌範師的相續不清淨，但所說的法仍是清淨的。」仁波切不承許這種說法。2'11"

這一點在跟仁波切學習這麼多年，感觸是非常深的！仁波切是這樣講，也一直是這樣做的，也是這樣教我們的。比如說每次我有什麼事情請問仁波切：「我要去哪裡見大家，仁波切！我應該最注意什麼？」仁波切通常會說：「要懷有真實的饒益他人的心！」多少年都是提醒這一句話！我最初剛學《廣論》，其實不太敢為別人講。但那個時候就有一位法師帶我到比丘尼寺院，非得要我給那個寺院的法師們講課。我當時不是很想去，主要是怕講錯，然後就請問上師。上師說：「如果他們那麼希望你去

的話，那就去吧！」我說：「那到底要注意什麼呢？」仁波切就說那句話：「要懷有饒益他人的心，這個心要非常地真切！」從那個時候開始仁波切就是這樣說的，以後大大小小的事情問下去，這個都非常重要！3'32"

所以這個「軌範語淨」，上師解釋說一定要說法師的心續是清淨的，絕對不是為名聞利養而說。為別人說法的時候，不是希望能得到讚美，或者希望一些現世的利益，絕對是為了饒益他人的心續，能夠拔除苦因、能夠種樂因，展現法的悲憫性——拔苦與樂。如果在內心的深處能夠真實地以這樣純粹的動機去說法的話，仁波切在此處的意思是說這才是軌範語淨。只把經典的意思解釋得沒有錯，但是意樂裡如果是為了自己的名聲、為了種種的現世利益而去說法的話，不是此處所說的軌範語淨。4'27"

我想這一點，仁波切的教誨我們要記在心上。在廣論班研討也好、法師們出去說法也好，我們都以這一條想一想：祖師們傳承下來的規矩是這樣的，善知識的教授是這樣的，那麼觀察一下我自己內心深處的意樂，到底為什麼來學《廣論》的？到底為什麼跟別人一起研討《廣論》？

到底為什麼去說法？內心深處有沒有一個真實饒益他人的心？這是善知識最在意的事情！5'05"

講次 0222

清淨正法——無謬引導所化至佛地（四家註）

　　有一次仁波切給我們講道次第的法類。講完了之後從說法堂出來，很多居士很感動，就追著仁波切。然後我就跑在仁波切面前跟仁波切說：「師父，很多居士想要看您！」仁波切一聽就停下來，然後就站在那兒把雙手攤開。這時候居士們就擁上來，仁波切說：「看吧！一個白髮老翁！我的一切都是三寶給的。」當時就穿著袈裟，非常慈悲地站在那裡給大家看。那時候可能很多同學都沒見過仁波切，他們說：「我們要看佛爺！」然後就圍著師父合掌。0'47"

《四家合註入門》頁／行　1 冊 P83-L1 ～ P84-L3

　　仁波切多次講過：說法的時候坐在高高的法座上，要觀想諸行無常。這一切都是三寶給的，對於眾生應該懷著一顆徹底恭敬和虔誠的心，去禮敬所有的出家人，甚至是一個流鼻涕的小沙彌！1'15"

　　跟仁波切一起朝禮寺院的時候，就看過仁波切走到一個寺院，那個寺院有很多小沙彌在背經。那個時候月亮已經出來了，那是一幅很美的圖畫——月上中天，皎潔的白光照在那琉璃瓦的寺院上，院子裡有一棵大樹，大樹旁邊就是沙彌圍著一圈在背經。仁波切帶著我們走過去的時候，腳步就放慢，一點點走，快走近的時候仁波切就開始磕大頭，給那些背書的小沙彌頂禮。正在背書的小沙彌肯定不知道有個大上師正在頂禮他們！2'02"

　　所以「軌範語淨」這一點，仁波切解釋說：「說法師的相續清淨很重要，到底有沒有真實利益眾生的心！」在我們跟隨善知識的時候，就能看到經典上所說的事情在善知識的行持中是真實出現的！2'26"

　　接著第三個「所說法清淨」，所說的法必須是能以無

謬的方便之門，引導所化機至佛地的正法，這才是清淨的法。就修改與救護的功德的角度來講，正法的定義是什麼呢？摧伏所化機的煩惱，能令他的相續生起功德，依此引導令至正道，這就稱為正法。所以，那蘭陀寺的說法方式，就是以這三種清淨門來詮釋正法的。3'03"

注意！在這裡邊所說的法清淨，上師講到：什麼是正法？無謬的方便之門，引導所化機去哪兒呢？至佛地，這才是清淨的正法！清淨的正法具有什麼功德呢？它能夠修改與救護。所以，正法的定義就是能夠摧伏所化機的煩惱，能令我們的相續生起功德，並且引導令我們能夠入正道。那麼我們能夠在一起聽聞和研討這樣一個有清淨法脈的傳承——從那蘭陀寺的這樣傳承，雖然後來宗大師是尊止迦摩囉室囉寺的傳承，但是它們兩個可以收攝為差不多是一樣的。3'50"

所以能夠聽到這樣的傳承，我們真的要感謝歷代傳承祖師的辛苦，尤其要感謝為我們講說《廣論》的師父還有仁波切！沒有這些大善知識為我們講說，我們是無法了解到其中的竅要。縱然得到《廣論》，在我們的經櫃裡供上

238

個二、三十年，有些人可能都沒法打開把它讀一遍；縱然讀一遍也不得其要；如果譯經院的法師們沒有費盡千辛萬苦把《四家合註》翻譯出來，我們也沒法用漢文聽到這樣的傳承。所以禮敬一切傳承祖師，禮敬為正法而努力的僧眾們！也對大家能夠一直堅持學全廣，謝謝大家的用心，一定要迴向無上菩提！謝謝！4'41"

廣海明月

——道次第廣論講記淺析
第四卷

弘般若道獅子賢

線上音檔掃描

講次 0223

弘揚教法聖地──止迦摩囉室囉寺（四家註）

　　請大家把《四家合註入門》翻到86頁，今天我們來繼續學習《四家合註入門》，86頁下面原文的部分。我先念一下。0'16"

後時〔止迦摩囉室囉，❀師云：此寺於摩羯陀北方，恆河畔小丘腳下，具一百零八佛殿，外有圍牆環繞，安住其中諸班智達，行種種聖教事業，亦為僧伽資生極妙善處，覺窩大師亦從此處迎赴藏地。建寺者為法王達摩波羅，彼即獅子賢論師之施主。內殿中央供奉與金剛座大菩提像等量之世尊像。〕聖教盛行，彼諸智者，則許三種而為初要：謂正法造者殊勝、正法殊勝、如何講聞彼法規理。❀明當隨於何規：今於此中，應如後釋。1'16"

《四家合註白話校註集》頁／行　　1 冊 P98-L9 ～ P98-LL6
《四家合註入門》頁／行　　　　　1 冊 P86-LL7 ～ P87-LL3

　　下面我們來看仁波切的講記。勝那蘭陀寺以三種清淨門宣說正法，那蘭陀寺的講法傳規就是這樣的。另一種方式是什麼呢？「後時」，就是之後，繼那蘭陀寺之後，印度另有一座很大的寺院，叫止迦摩囉室囉寺，也就是戒香寺。這裡邊所有的智者講說的方式，在義理上和前一種講規大致相同，但字面上不太一樣——說的方式不同。1'56"

　　「止迦摩囉室囉寺」，我們可以看一下《四家合註》（P98）後面的第五個註。它是古印度的一個寺院，在恆河邊，梵語是「比札馬拉希拉」，義為戒香寺或超戒寺；也有譯成是能映覆戒。它就位於摩羯陀北方恆河邊一座山丘的山頂上——這座寺院是在山頂上。2'30"

　　我不知道諸位有沒有去過位於山頂上的寺院？去那裡通常就是要從很遠的地方坐車，我不知道這座寺院是不是？因為我去過藏地的寺院，坐車就坐很久，然後到山腳下開始沿著山路向山去。我曾經去過一個寺院，它的山路就是窄窄的一條，這邊就是萬丈深淵，然後這邊就是高山，車就在這邊走。當時給我們開車的司機可能是路太熟了，所以我感覺到他好像在衝刺一樣。向左側一看——我是坐在邊上，就直接可以看到深淵，那底下霧茫茫的，直接可以看下去；然後右邊就是山。窄窄的路，一直爬、爬，爬到山頂上。如果是在冷天的時候，真的就非常冷，風也非常大，但是還是有很多出家人駐錫在上面，真的是歎為觀止！3'26"

聽起來這座山不是很高，一座山丘的山頂，有的說這個寺院是提婆波羅國王建的；也有說是他的兒子，就是達摩波羅國王建的。這個寺院是以佛陀的殿堂為中心，周圍有五十四座顯教的經院、五十三座密法院，共有一百零八間殿堂。可以想想應該是規模非常地宏偉，一百零八間殿堂！最外邊有圍牆環繞，規模真的是很宏偉的。最著名的聖阿底峽尊者，還有許多印度的祖師都駐錫過這個寺院。最後就遭到伊斯蘭教軍隊的破壞。4'11"

我們再回來看《四家合註入門》的講解。「止迦摩囉室囉寺」，這裡邊就進入語王尊者的箋註，說：「師云：此寺於摩羯陀北方，恆河畔小丘腳下」，印度的摩羯陀即現在的菩提迦耶，在北方恆河邊的小山腳下。我們常常聽到摩羯陀國，摩羯陀國是什麼時代的？是中印度古國的名字，它也是位於恆河中下游地區，大體相當於今天比哈爾邦的中南部。這個地方當時出產一種奇特的稻米，米粒碩大，色香俱全，顏色也很好看，又很香，被當地人稱為「供大人米」。想起了我們北方的大米——五常大米，也是很有名的。我把東北的大米曾經送給別人，也去供養寺院，吃過的人都說非常非常香。所以看到這供大人米想起了東北的大米。5'19"

摩羯陀國的風俗是非常純樸的，百姓重視學業、篤信佛法。注意喔！這個摩羯陀國多富呢？著名的金剛座、大菩提寺、那蘭陀寺等佛教的聖地都在這個國家內。阿育王還有旃陀羅笈多二世，也是這個國家佛教鼎盛時期的兩位統治者。這段介紹在《新譯大唐西域記》裡有。大家可以想像那摩羯陀國，除了那麼有名的大米之外，居然有這麼大的寺院，聖者輩出啊！不是用一個富庶所能形容的。6'02"

再回過頭來看《四家合註入門》，說印度的摩羯陀就是現在的菩提迦耶，在北方恆河邊的小山腳下，「具一百零八佛殿，外有圍牆環繞，安住其中諸班智達，行種種聖教事業」。在那裡邊有很多很多班智達駐錫，有的說法、有的辯論，以各種各樣不同的事業來承事教法，用不同的方式弘揚教法。比如說，有些人坐鎮在東門或西門。有沒有想過為什麼還有善知識要坐鎮東門、西門？大家可以想想是做什麼呢？如果有外道前來，就同他辯論；然後有些人當住持說法，用不同的形式來弘揚佛法。6'52"

「亦為僧伽資生極妙善處」，這是指當時僧人的生活是很優渥的。對我們有深恩的阿底峽尊者，當時就駐錫在這座寺院裡面。阿底峽尊者去西藏的時候就是從這個地方被迎請進入藏地的，就是從止迦摩囉室囉寺。7'19"

講次 0224

廣傳般若的法王與獅子賢論師（四家註）

這麼宏偉、規模宏大的寺院，這麼多的大班智達駐錫其中，這個寺院的功德主和大施主是誰呢？他就是印度的「法王達摩波羅」，他也是獅子賢論師的施主。《顯明義釋》的作者就是獅子賢阿闍黎，達摩波羅也是他的施主。「內殿中央」，就是在寺院大殿裡邊後殿中間，供奉著和金剛座大菩提像等量的世尊像。「大菩提」就是指佛薄伽梵的聖像，殿裡邊有一尊和金剛座菩提迦耶釋迦能仁的像等量的佛像。以上就是語王尊者的箋註。0'48"

在這座寺院裡聖教非常地盛行，這裡面諸智者們的說法方式，就如下文提到的：「則許三種而為初要：謂正法造者殊勝、正法殊勝、如何講聞彼法規理」。講法一定要具備這三個條件，這非常重要！講法必須具備這三個條

《四家合註入門》頁／行　1 冊 P87-LL2～P88-LL1

247

件，就是這座寺院的一個講規。1'12"

　　仁波切又接著說道：有一些解釋或是一些上師的說法裡邊，說那蘭陀寺和止迦摩囉室囉寺的說法沒有太大差別。為什麼呢？因為「所說法清淨」就可以攝入「正法殊勝」；「學者相續清淨」可以攝入什麼呀？「如何講聞彼法規理」；然後「軌範語淨」大致上可以納入「造者殊勝」，所以這兩者基本上是很相似的。那本論是依循何者呢？宗喀巴大師是依後者，就是止迦摩囉室囉寺的講規，因為覺窩傑具德阿底峽尊者是依這座寺院的作法，是這座寺院的上師，所以這樣去講說的話，應該也有良善的緣起。因此「明當隨於何規：今於此中，應如後釋。」就是指傳規要依這座寺院的作法。2'14"

　　創建止迦摩囉室囉寺院的這個國王，他的音譯就是達摩波羅，義譯是法護。傳說他前世是一位三藏法師，發願要廣弘般若，投生為王族──成了王子，後來成為國王。他是波羅王朝第二任的君主，疆土極為廣闊，令般若教授及密集法門遍布國土一切地方，而且令通曉般若還有密集的這些班智達列坐眾前，非常非常尊重大善知識。2'55"

他剛剛開始執政的時候，就迎請了獅子賢論師宣說般若。這位國王所建的五十座講壇，其中有三十五個都是般若講壇。後來又啟建了止迦摩囉室囉寺，長時間供養一百零八位班智達，還有一百一十四位阿闍黎等密教師。不僅如此，他還每個月為聽法的人施設饗宴，供養聽法眾。3'29"

《般若經》中記載：《般若》法流初廣弘於中印度，再傳至南方，後回傳中印度，再向北傳。而回傳中印度的授記，正是這位達摩波羅國王執政的時候。他在位期間，出現了多少大善知識呢？有善護、獅子賢論師、嚴飾、海雲、光明生源、滿增論師，以及金剛大阿闍黎佛智父子、佛密、佛寂等大師，是正法相當鼎盛的一個時代。4'08"

他不僅僅是這座寺院的施主，還是獅子賢論師的施主。不知道大家對獅子賢論師了解多少？我可以依據著《師師相承傳》給大家略略地介紹一下。4'22"

獅子賢論師，他是「弘般若道獅子賢」。值得宗喀巴大師這樣稱讚的阿闍黎獅子賢，他從往昔久遠過去生當中就已經發起了菩提心，學行偉大的佛子行。他是為了在這個剎土中弘揚佛教的心要——般若口訣，乘願而來的一位大德。4'47"

這位阿闍黎誕生在王族當中。可是過去有一些佛教史中說：這位阿闍黎住在母胎的時候，母親被獅子傷害。獅子吃了他的母親之後，沒有吃腹中的嬰兒，所以他就活下來了，活下來之後又平安地長大，因此取名為「獅子賢」。這是在《師師相承傳》裡邊寫的記述。5'18"

但是後來我看了這一段的時候，我也在想：如果他真是出生的時候有這樣一個遭遇，如果還把他叫獅子賢的話，不是每次喊他，他都傷心嗎？他就會想他媽媽被傷害了。大家用這樣一個名字稱呼他，不是很傷害他嗎？獅子把他留下了，可是把他媽媽吃掉了，他一出生就沒有母親，所以我會覺得這樣到底是對不對的？因為這裡邊作者也說：「過去有一些佛教史中說。」看起來他也有一些疑惑。5'52"

這位大師他成年之後，完全不留戀喧囂的俗家，於是就在佛教裡出家了。出家之後受了圓滿的學處——比丘戒，精細地研習了一切自部他部的宗義，成為徹底的善巧者。注意喔！「研習一切自部他部的宗義」，是一件不容易的事情；又在研究了之後，成為徹底的善巧者，而且他是精細地研習，這是要花一番工夫的。尤其是特別對於尋求《般若》的教義，尊者就像常啼菩薩那樣，不顧辛勞與生命，不顧危險這樣去尋求，發憤圖強，一直要勤求《般若》的教授。那時候尊者常常在想：「什麼時候才能對於《大般若經》的教義、三乘道次第的圓滿道體，獲得他人所不能牽引的深刻定解呢？」一邊這樣想，如此地一心勤求不懈。7'00"

大家可以想一想他的想法。我把他的想法再講一遍：「什麼時候才能對於《大般若經》的教義、三乘道次第的圓滿道體，獲得他人所不能牽引的深刻定解？」他心中的所願就是了解《大般若經》，還有三乘道次第的圓滿道體。得到什麼樣的深刻定解呢？就是完全不可動搖的這種定解，這是他心中所願！7'32"

講次 0225

獲本尊開許，著述立說弘《般若》

　　那個時候大堪布靜命是佛教之主，因此獅子賢就去依止了他，在意樂和加行兩方面都非常如理地依止了這位大堪布靜命，又深細地研習從至尊彌勒傳來的般若教授、聖無著兄弟以及聖解脫軍所著的這些論著；也精細地研究了聖龍樹解釋佛陀密意而著作的中觀諸論。所以他圓滿地聽受了佛世尊傳給至尊彌勒，再傳給無著兄弟，漸次傳來的廣行道次第的口訣；又學了由佛世尊傳給至尊文殊，再傳給聖龍樹師徒，次第傳來的深見道次第的口訣。對於所聽聞的教義、道次第各個扼要，反覆地思考、衡量、細察；並為了使心中能夠熟習，勤奮地串習其中的所緣行相。1'02"

　　大家可以想一下：光是學完了這個深見的傳承和廣行的傳承，就要花很久的時間，然後再對所聞的教義、次第各個扼要——注意下面這幾個字——「反覆地思考、衡量、細察；並為了使心中熟習，勤奮地串習其中的所緣行相」。觀察得到定解之後，還要經過串習。「由此對於佛法心要——三乘道次第圓滿道體，生起了特殊的覺受。」這樣的一個用功法！走的路線非常地清楚——親近善知識、聽聞正法、如理作意，然後法隨法行，基本就是這樣的次第。很精彩呀！乘願再來的大菩薩，他學修的次第也是按著這個嚴格的次第而學修的，非常值得我們思考！1'55"

他這樣子勤奮地串習了所緣行相之後，對於佛法心要——三乘道次第圓滿道體，生起了特殊的覺受，於是對數千位信眾開始講什麼了？《般若》的教授！夢寐以求的《般若》的教授才可以講了。2'15"

這位論師為了想要大弘佛教的事業，因此在他的上師大堪布靜命面前，求受至尊彌勒的修法而修持。他修得很用功吧！然後他就做夢，夢見一位身著紅花色的僧衣、威儀端正的比丘對他授記說：「前往東方『喀薩巴尼』去吧！」在夢裡他被這樣授記。然後他也就依照授記前往所說的地點，在那個地方修齋戒法三天。既而他又再度地觀察夢境，在拂曉的時候就夢見了「能飛聚落寺」哈熱殿堂的上空，在雲層的空隙中，出現了諸天神的半身像，就是上半身。這些天神在做什麼呢？正以各種供物——非常豐厚的供物在作供養。3'15"

獅子賢論師就問：「這天神是為什麼而作供養呢？」天神就回答說：「至尊彌勒在宣說《八千頌》，所以我們在作供養。」他就仔細地看啊，看了很長的時間，於是就看見了至尊彌勒——金色的面容，頂上嚴飾著一座小塔，右手結說法印。他就立即頂禮供養，而啟問說：「慈尊您的論著，現今有許多注疏，應當依著哪部論作為依據呢？」至尊彌勒答道：「應當通曉一切的論典，把合理的部分總攝起來，這一部論就由你來著作吧！」很奇妙，他去問依靠什麼論？然後至尊彌勒答道說那部論還沒問世，你來寫吧！所以他就得到了本尊開許，獲得了開許。醒來之後，又作了供養。看起來一切都是在夢中。有很多大德的修行是夢中、醒來都是一如的，沒有什麼差別。4'31"

聽了這段，你們會不會每天躺在床上很期待做一個這樣的夢？但是我們祈求至尊彌勒、看見了至尊彌勒，會想

254

要什麼呢？會先頂禮供養嗎？而且問說：「慈尊您的論著，現今這麼多注疏，應當依著哪部論作為依據？」我們會這樣去問嗎？多半會想跟至尊彌勒要一個什麼？現成的成就，而沒有想要至尊彌勒指示我一下到底應該看哪一本書。5'07"

因為得到了至尊彌勒這樣的一個指示，所以他就準備寫書了。然後為了尋覓撰寫論著時的施主，他就從東方的喀薩巴尼往西去了。當時有一位達摩波羅王，就是我們提到的達摩波羅王。達摩波羅是用古代習慣的音譯方式譯的，如果用現在的音的話，應該念作「達瑪巴拉」。這位國王聽說阿闍黎獅子賢善於講說《般若經》，於是派遣使者迎接他。看起來這位國王也是朝思暮想，心之渴仰啊！迎接非常非常地奇特，迎接的使者和獅子賢論師恰巧在路上居然相遇了！應該是非常歡喜！想一下那個場景。相遇了之後，也就把論師迎接到了三莊嚴寺，到了之後獅子賢論師就為數千位僧眾廣傳《般若》的教授。6'13"

線上音檔掃描

講次 0226

獅子賢論師著作之殊勝

　　誰當施主啊？如果有一個講《般若》的法會，大家都很想爭著當施主吧？對！那個時候就是達摩波羅王作為施主。依著至尊彌勒菩薩的授記，獅子賢論師就著作了《現觀莊嚴論顯明義釋》；匯合《現觀莊嚴論》與《般若八千頌》口訣的《八千頌廣釋》；隨順聖解脫軍所著的《般若二萬五千頌光明論》，而將《般若二萬五千頌》配合《現觀》的要義，寫下了《二萬五千頌》的攝義《八品論》；《攝功德寶釋易解論》、《般若修法》，還有《旃札巴文法變格頌》等諸論著。0'46"

　　這位阿闍黎具足無比的悲智，又由於至尊彌勒的加持力——看這個部分喔！這麼精彩的大德，著書立說、講《般若》、寫論著都要靠本尊的加持——以此他所著的《顯明義釋》成為修菩提道次第人們的「般若法眼」。大家想一想什麼叫「般若法眼」？意思就是像研讀《般若經》的眼睛一般。就是我們看經，然後眼睛一行、一行，一個字、一個字地看；而他的《顯明義釋》就像我們能看《般若經》的眼睛一樣，被稱為「般若法眼」，是非常厲害的！希望我們以後能夠一起學。像我們寺院的很多法師都已經學了好多遍。1'39"

他所著述的《八千頌廣釋》細到什麼程度呢？從最初的打掃房舍開始一直到修習止觀雙運瑜伽中間，所有的三士道道次第的這些扼要都如《般若經》中所說的那樣：何者為道的體性、道的數量如何決定、次第是如何等等，都非常清晰地開示。注意！清晰喔，非常清晰地開示！還有一句很重要的——沒有絲毫的錯誤！一點點錯誤都沒有，這麼清淨的論典。2'27"

並且在每一個所緣法類中，修持其中一者時，並非必須捨棄其他所緣法類，而是依靠依怙彌勒的口訣，強調在每個所緣法類之上具備圓滿道體。就是每一個所緣之上，它有全圓道體的縮影。這個也是依照依怙彌勒的口訣，強調在每個所緣法類上具備圓滿道體，所以全部都是上師指導的。3'01"

最初從順解脫分開始，直至最後金剛喻三摩地作為二現錯亂的正對治，進而獲得一切相智之間；以及獲得一切相智之後，由二十七種事業門如何作利益眾生事業之間，一切都有完整的開示。剛才我講的一串喔！那要學一本書，還要學好幾年才能弄清楚，什麼是金剛喻三摩地？二現錯亂，乃至正對治二現錯亂？獲得一切相智之後，二十七種事業門是什麼呀？怎麼樣去作利生事業？一切都完整地開示，這我們要學。以此對贍部洲的眾生作出了恩德無比的事業。就是我們住的這個洲的眾生，獅子賢論師對我們有無比的恩德！3'54"

下面說：「因此想要修行菩提道次第的人們，應當謹向獅子賢論師虔誠祈禱求加持。並且應該再三地細讀論師所著的許多論著，對自身所修道次第的扼要獲得堅固的定解，任何邪魔惡友都無法令心改變。」記得最初獅子賢論師求法的時候，他心中的志願就是希望能夠對圓滿的道體和《般若》的內義產生他人不能牽動的堅固定解。現在我們對他的祈求也是這樣的。4'33"

所以我們應該好好地祈求獅子賢論師，而且應該再三地細讀論師所著的這些論著。像我們寺院的法師們就是長時間地學習、背誦、辯論。對自身所修道次第的扼要，誰的自身？就是我們，所修的道次第的扼要部分，要獲得堅固的定解。堅固成什麼樣子呢？任何邪魔和惡友都無法令心意改變。就是已經非常堅定地認為，經過觀察、再三仔細地抉擇——諸大論典的抉擇，還有心對境的這些抉擇之後，得出的這個清淨的見解是沒法動搖的。

這是大善知識對我們的期待！5'21"

廣海明月

——道次第廣論講記淺析
第四卷

附錄

各講次與日常老和尚廣論開示之音檔、手抄稿段落對照表

講次	音檔長度	廣論音檔段落	手抄稿頁/行	四家合註入門 頁/行	四家合註白話校註集 頁/行
0183	8'45"	無	無	無	無
0184	9'12"	舊版3B 09:50~14:20	舊版1冊 P85-L6~P87-L6（2015年版） 舊版1冊 P85-L7~P87-L6（2016年版）	無	無
0185	6'49"	舊版3B 09:50~14:36	舊版1冊 P85-L6~P87-L8（2015年版） 舊版1冊 P85-L7~P87-L8（2016年版）	無	無
0186	6'10"	鳳山寺版02 47:41~50:38	鳳山寺版1冊 P54-LL3~P56-L4	無	無
0187	6'05"	鳳山寺版02 50:38~52:10	鳳山寺版1冊 P56-L5~P56-LL1	無	無
0188	7'38"	鳳山寺版02 50:38~52:10	鳳山寺版1冊 P56-L5~P56-LL1	無	無
0189	5'28"	鳳山寺版02 52:10~53:18	鳳山寺版1冊 P57-L1~P57-L8	無	無
0190	5'29"	鳳山寺版02 52:10~53:18	鳳山寺版1冊 P57-L1~P57-L8	無	無
0191	8'39"	無	無	1冊 P79-L1~P80-L9	1冊 P92-LL4~P93-LL3
0192	9'29"	無	無	1冊 P80-L10~P81-LL5	無
0193	5'10"	無	無	無	無

講次	音檔長度	廣論音檔段落	手抄稿頁/行	四家合註入門 頁/行	四家合註白話校註集 頁/行
0194	6'30"	無	無	無	無
0195	7'23"	無	無	無	無
0196	6'06"	無	無	無	無
0197	5'12"	無	無	無	無
0198	5'33"	無	無	無	無
0199	8'46"	無	無	無	無
0200	5'28"	無	無	無	無
0201	11'46"	無	無	無	無
0202	9'19"	無	無	無	無
0203	8'33"	無	無	無	無
0204	6'25"	舊版3B 14:44~16:52	舊版1冊 P87-LL4~P88-LL3（2015年版） 舊版1冊 P87-LL3~P88-LL3（2016年版）	無	無
0205	6'08"	舊版3B 14:44~16:52	舊版1冊 P87-LL4~P88-LL3（2015年版） 舊版1冊 P87-LL3~P88-LL3（2016年版）	無	無

講次	音檔長度	廣論音檔段落	手抄稿頁／行		四家合註入門 頁／行	四家合註白話校註集 頁／行
0206	9'26"	無	無		無	無
0207	5'09"	無	無		無	無
0208	7'33"	舊版3B 16:52～19:22	舊版1冊 P88-LL2～P89-LL2 (2015年版) 舊版1冊 P88-LL1～P89-LL2 (2016年版)		無	無
0209	5'27"	舊版3B 19:22～21:31	舊版1冊 P89-LL1～P90-LL3 (2015年版) 舊版1冊 P89-LL1～P90-LL2 (2016年版)		無	無
0210	5'51"	舊版3B 19:22～21:31	舊版1冊 P89-LL1～P90-LL3 (2015年版) 舊版1冊 P89-LL1～P90-LL2 (2016年版)		無	無
0211	5'19"	舊版3B 19:22～21:31	舊版1冊 P89-LL1～P90-LL3 (2015年版) 舊版1冊 P89-LL1～P90-LL2 (2016年版)		無	無
0212	8'08"	舊版3B 21:31～22:59	舊版1冊 P90-LL2～P91-L7 (2015年版) 舊版1冊 P90-LL1～P91-L9 (2016年版)		無	無
0213	8'21"	舊版3B 22:59～24:23	舊版1冊 P91-L8～P92-L1 (2015年版) 舊版1冊 P91-L10～P92-L3 (2016年版)		無	無
0214	8'54"	舊版3B 24:23～25:34	舊版1冊 P92-L2～P92-LL5 (2015年版) 舊版1冊 P92-L4～P92-LL3 (2016年版)		無	無
0215	9'24"	舊版3B 25:44～28:13	舊版1冊 P92-LL3～P94-L1 (2015年版) 舊版1冊 P92-LL1～P94-L2 (2016年版)		無	無
0216	9'28"	鳳山寺版02 57:28～59:09	鳳山寺版1冊 P59-LL2～P60-LL2		無	無

講次	音檔長度	廣論音檔段落	手抄稿頁／行	四家合註入門頁／行	四家合註白話校註集頁／行
0217	6'30"	無	無	1冊 P81-LL4～P81-LL1	1冊 P94-L5～P94-LL3
0218	5'22"	無	無	1冊 P82-L1～P82-LL1	1冊 P95-LL6～P96-L15
0219	9'49"	無	無	無	1冊 P96-LL14～P97-LL11
0220	14'37"	無	無	無	無
0221	5'05"	無	無	1冊 P83-L1～P83-LL3	無
0222	4'41"	無	無	1冊 P83-L1～P84-L3	無
0223	7'19"	無	無	1冊 P86-LL7～P87-LL3	1冊 P98-L9～P98-LL6
0224	7'32"	無	無	1冊 P87-LL2～P88-LL1	無
0225	6'13"	無	無	無	無
0226	5'21"	無	無	無	無

廣海明月——道次第廣論講記淺析　第四卷

造　　　論	宗喀巴大師
講　　　述	日常老和尚
淺　　　析	真如

文 字 整 理	釋如吉、釋如密、釋性蓮、釋性由、釋性航、釋性竺、釋性華、釋如法、南海尼僧團法寶組
文 字 校 對	王碧華、沈平川
責 任 編 輯	廖育君、李家瑜
美 術 設 計	張福海
排　　　版	華漢電腦排版有限公司
印　　　刷	科樂印刷事業股份有限公司

出 版 者	福智文化股份有限公司
地　　　址	105407 台北市松山區八德路三段 212 號 9 樓
電　　　話	(02) 2577-0637
客服 Email	serve@bwpublish.com
官 方 網 站	https://www.bwpublish.com
粉 絲 專 頁	https://www.facebook.com/BWpublish

總 經 銷	時報文化出版企業股份有限公司
地　　　址	333019 桃園市龜山區萬壽路二段 351 號
電　　　話	(02) 2306-6600 轉 2111

出 版 日 期	2023 年 11 月 初版六刷
定　　　價	新台幣 300 元
I S B N	978-986-98982-8-7

國家圖書館出版品預行編目(CIP)資料

廣海明月：道次第廣論講記淺析. 第四卷 / 宗喀
巴大師造論；日常老和尚講述；真如淺析.
-- 初版. -- 臺北市：福智文化股份有限公司,
2021.07
 冊； 公分
ISBN 978-986-98982-8-7 (平裝)

1.藏傳佛教 2.注釋 3.佛教修持

226.962 110008898